1か月で復習する
スペイン語
基本の500単語

徳永 志織／愛場 百合子

音声無料
ダウンロード

語研

音声について（音声無料ダウンロード）

◆ 本書の音声は無料でダウンロードすることができます。下記の URL または QR コードからアクセスしてご利用ください。

https://www.goken-net.co.jp/catalog/card.html?isbn=978-4-87615-396-1

◆ 音声は，見出し語 → 例文の順番で 1 回ずつナチュラルスピードよりもやや ゆっくりめで収録されています。

◆ 見出し語と例文にはルビをふりましたが，日本語にはない音もあるため，音 声を繰り返し聞いていただくのがより効果的です。

◆ 例文の上の下線 〰〰〰〰 は，音声の区切りを示しています。音声を聞きなが ら発話の練習をする際にご活用ください。

⚠ 注意事項 ⚠

● ダウンロードで提供する音声は，複数のファイル・フォルダを ZIP 形式で 1 ファイル にまとめています。ダウンロード後に復元してご利用ください。ダウンロード後に， ZIP 形式に対応した復元アプリを必要とする場合があります。

● 音声ファイルは MP3 形式です。モバイル端末，パソコンともに，MP3 ファイルを再 生可能なアプリを利用して聞くことができます。

● インターネット環境によってダウンロードできない場合や，ご使用の機器によって再 生できない場合があります。

● 本書の音声ファイルは，一般家庭での私的使用の範囲内で使用する目的で頒布するも のです。それ以外の目的で本書の音声ファイルの複製・改変・放送・送信などを行い たい場合には，著作権法の定めにより，著作権者等に申し出て事前に許諾を受ける必 要があります。

はじめに

　本書は，これからスペイン語を学ぶ方，スペイン語を学び始めたばかりの方のために編まれた単語集です。基本となる504語を選び，それぞれに実際に使用する場面を想定して例文を作りました。よく使用される語は，学習者の記憶に定着するよう，繰り返し例文で取り上げています。また，スペイン語圏に旅行した際，あるいはスペイン語話者と話す際に耳にするであろう言い回しを中心に例文を考えたことにより，初級では学習しない命令法などを使った例もあります。このような場合，注で文法的な説明を示しています。皆さんが動詞の直説法現在の活用に慣れてきた段階で，「あれ？前に見た命令の形は…」と，本書で取り上げた例文を思い出し，ご自身でスペイン語動詞の活用について考えていただけると，学習者の皆さんにとっては厄介な，スペイン語動詞の活用形について記憶に残る形で体系化できるのではないか，と思います。

　スペイン語の動詞は主語の人称と数に合わせ，全ての法と時制でそれぞれ6通りに活用します。たとえば，初級で学習する直説法現在で，主語により6通りに活用することを知り，「すべての動詞がこのように活用するなんて，覚えられない。しかも，過去や未来など，他の時制でも違う形になるなんて…無理！」と，この段階で学習意欲が下がってしまう方は多いと思います。でも，「これだけの形を覚えなさい」と言われて覚える場合と，学習者である皆さんご自身で規則性を見つけ，覚える場合とでは，おそらく後者のほうが記憶に残りやすいのではないでしょうか。

　本書には音声が附属しています。通勤・通学の際に聴いて，スペイン語のイントネーションに親しみ，昨今多く見かけるスペイン語圏からの旅行者同士の会話，また，彼らからの質問に耳を傾け，少しだけでもスペイン語で話してみることを実践していただけたらと思います。それは彼らにとっても非常に嬉しいことですし，また，皆さんのスペイン語学習へのモチベーションになるからです。

　本書は皆さんがスペイン語という世界に飛び込み，ご自身でその世界を広げていただくお手伝いができるように，という思いを込めて作りました。皆さんのスペイン語圏への世界を広げることの足がかりになり，また，日本を訪問する多くのスペイン語圏の人々が日本で楽しい思い出を作れるきっかけになってくれるのであれば，これほど嬉しいことはありません。また，少しでも国境を越えた多くの人々の交流のお役に立てることを切に願っております。

目次

はじめに 3
本書の構成 6
学習計画表 8

1日目	001 〜 021 10
2日目	022 〜 042 16
3日目	043 〜 063 22
4日目	064 〜 084 28

文法復習① 場所の表現と指示詞／方角 34

5日目	085 〜 105 36
6日目	106 〜 126 42
7日目	127 〜 147 48
8日目	148 〜 168 54

文法復習② 人称代名詞 60

9日目	169 〜 189 64
10日目	190 〜 210 70
11日目	211 〜 231 76
12日目	232 〜 252 82

文法復習③ 直説法現在規則動詞／不規則動詞 88

13日目	253 〜 273 90
14日目	274 〜 294 96
15日目	295 〜 315 102
16日目	316 〜 336 108

文法復習④ 形容詞／所有形容詞 114

17 日目	337 ～ 357	116
18 日目	358 ～ 378	122
19 日目	379 ～ 399	128
20 日目	400 ～ 420	134

| 文法復習⑤ | 挨拶／国名・国名形容詞 | 140 |

21 日目	421 ～ 441	142
22 日目	442 ～ 462	148
23 日目	463 ～ 483	154
24 日目	484 ～ 504	160

| 文法復習⑥ | 疑問詞／数詞（基数と序数）1000 まで | 166 |
| | 月・曜日／季節 | 168 |

| 見出し語の動詞活用一覧 | 170 |
| 見出し語索引 | 184 |

【吹き込み】Yolanda Fernández
【装丁】クリエイティブ・コンセプト

本書の構成

- 暗記には付属の赤シートをご活用ください。
- 例文語注の **番号** は見出し語の左の見出し語番号にあたります。
- 例文語注の **番号** は見出し語注の関連表現です。

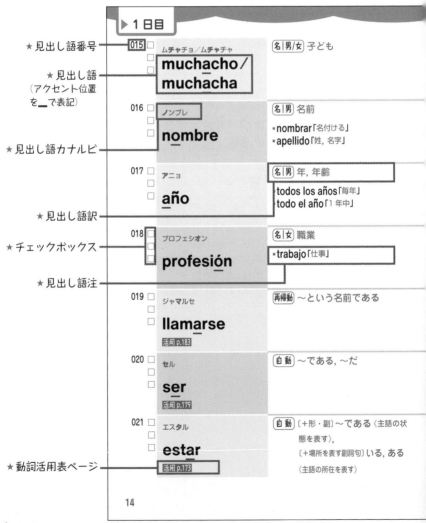

★見出し語番号

★見出し語
（アクセント位置
を__で表記）

★見出し語カナルビ

★見出し語訳

★チェックボックス

★見出し語注

★動詞活用表ページ

▶ 1日目

015	ムチャチョ／ムチャチャ **muchacho/** **muchacha**	名|男/女 子ども
016	ノンブレ **nombre**	名|男 名前 ・nombrar「名付ける」 ・apellido「姓, 名字」
017	アニョ **año**	名|男 年, 年齢 todos los años「毎年」 todo el año「1年中」
018	プロフェシオン **profesión**	名|女 職業 ・trabajo「仕事」
019	ジャマルセ **llamarse** 活用 p.183	再帰動 ～という名前である
020	セル **ser** 活用 p.179	自動 ～である, ～だ
021	エスタル **estar** 活用 p.173	自動〔＋形・副〕～である〈主語の状態を表す〉, 〔＋場所を表す副詞句〕いる, ある〈主語の所在を表す〉

14

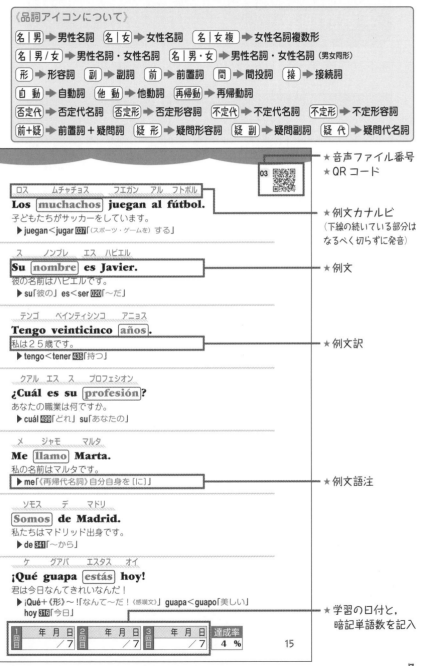

〈品詞アイコンについて〉

名｜男 ➡ 男性名詞　　名｜女 ➡ 女性名詞　　名｜女｜複 ➡ 女性名詞複数形

名｜男／女 ➡ 男性名詞・女性名詞　　名｜男・女 ➡ 男性名詞・女性名詞（男女同形）

形 ➡ 形容詞　　副 ➡ 副詞　　前 ➡ 前置詞　　間 ➡ 間投詞　　接 ➡ 接続詞

自動 ➡ 自動詞　　他動 ➡ 他動詞　　再帰動 ➡ 再帰動詞

否定代 ➡ 否定代名詞　　否定形 ➡ 否定形容詞　　不定代 ➡ 不定代名詞　　不定形 ➡ 不定形容詞

前＋疑 ➡ 前置詞＋疑問詞　　疑形 ➡ 疑問形容詞　　疑副 ➡ 疑問副詞　　疑代 ➡ 疑問代名詞

★音声ファイル番号
★QRコード

03

ロス　　ムチャチョス　　フエガン　アル　フトボル
Los muchachos juegan al fútbol.
子どもたちがサッカーをしています。
▶ juegan＜jugar **037**「（スポーツ・ゲームを）する」

★例文カナルビ
（下線の続いている部分は
なるべく切らずに発音）

ス　　ノンブレ　　エス　ハビエル
Su nombre es Javier.
彼の名前はハビエルです。
▶ su「彼の」 es＜ser **020**「～だ」

★例文

テンゴ　　ベインティシンコ　　アニョス
Tengo veinticinco años.
私は25歳です。
▶ tengo＜tener **435**「持つ」

★例文訳

クアル　エス　ス　　プロフェシオン
¿Cuál es su profesión?
あなたの職業は何ですか。
▶ cuál **499**「どれ」 su「あなたの」

メ　ジャモ　　マルタ
Me llamo Marta.
私の名前はマルタです。
▶ me「《再帰代名詞》自分自身を［に］」

★例文語注

ソモス　デ　マドリ
Somos de Madrid.
私たちはマドリッド出身です。
▶ de **341**「～から」

ケ　　グアパ　エスタス　オイ
¡Qué guapa estás hoy!
君は今日なんてきれいなんだ！
▶ ¡Qué＋《形》～！「なんて～だ！〈感嘆文〉」 guapa＜guapo「美しい」
　hoy **316**「今日」

★学習の日付と、
暗記単語数を記入

1回目	年　月　日	2回目	年　月　日	3回目	年　月　日	達成率
	／7		／7		／7	**4 %**

15

学習計画表

●約 1 か月弱で終えるためのスケジュールモデル《月曜開始の場合》

	月	火	水	木	金	土	日
日付⇨	/	/	/	/	/	/	お休み or 復習
	p.10～14 001-021	p.16～20 022-042	p.22～26 043-063	p.28～32 064-084	p.36～40 085-105	p.42～46 106-126	
チェック⇨	済	済	済	済	済	済	
	月	火	水	木	金	土	日
	/	/	/	/	/	/	お休み or 復習
	p.48～52 127-147	p.54～58 148-168	p.64～68 169-189	p.70～74 190-210	p.76～80 211-231	p.82～86 232-252	
	済	済	済	済	済	済	
	月	火	水	木	金	土	日
	/	/	/	/	/	/	お休み or 復習
	p.90～94 253-273	p.96～100 274-294	p.102～106 295-315	p.108～112 316-336	p.116～120 337-357	p.122～126 358-378	
	済	済	済	済	済	済	
	月	火	水	木	金	土	日
	/	/	/	/	/	/	総復習
	p.128～132 379-399	p.134～138 400-420	p.142～146 421-441	p.148～152 442-462	p.154～158 463-483	p.160～164 484-504	
	済	済	済	済	済	済	

＊開始日を記入し，終わったら済マークをなぞってチェックしてください。

●計画表フリースペース（自分なりのスケジュールを立てたい方用）

／	／	／	／	／	／	／
-	-	-	-	-	-	-
済	済	済	済	済	済	済
／	／	／	／	／	／	／
-	-	-	-	-	-	-
済	済	済	済	済	済	済
／	／	／	／	／	／	／
-	-	-	-	-	-	-
済	済	済	済	済	済	済
／	／	／	／	／	／	／
-	-	-	-	-	-	-
済	済	済	済	済	済	済

＊上から曜日，日付，習得した見出し語の開始と終わりの番号，済マークの
チェック欄になります。自由にカスタマイズしてお使いください。

001
パドレ

p_adre

名|男 父
- padres「両親」
- papá「パパ」

002
マドレ

m_adre

名|女 母
- mamá「ママ」

003
マリド

mar_ido

名|男 夫
- esposo「配偶者(夫)」

004
ムヘル

muj_er

名|女 妻, 女性
- esposa「配偶者(妻)」

005
エルマノ/エルマナ

**herm_ano /
herm_ana**

名|男/女 兄弟/姉妹

006
イホ/イハ

hijo / hija

名|男/女 息子/娘
- hijos「子どもたち」

007
アブエロ/アブエラ

abu_elo / abu_ela

名|男/女 祖父/祖母
- abuelos「祖父母」

ミス　パドレス　エスタン　ムイ　ビエン

Mis [padres] están muy bien.

私の両親はとても元気です。

▶ mis＜mi「私の」 están＜estar **021**「～(な状態)だ」 muy **483**「とても」
bien **199**「元気な」

ミ　マドレ　エス　デ　フクオカ

Mi [madre] es de Fukuoka.

私の母は福岡出身です。

▶ mi「私の」 es＜ser **020**「～だ」 de **341**「～から」

ミ　マリド　エス　フォトグラフォ

Mi [marido] es fotógrafo.

私の夫はカメラマンです。

▶ mi「私の」 fotógrafo「カメラマン」

アケジャ　ムヘル　エス　ヌエストラ　プロフェソラ　デ　イングレス

Aquella [mujer] es nuestra profesora de inglés.

あの女性は私たちの英語の先生です。

▶ aquella「あの」 es＜ser **020**「～だ」 nuestra＜nuestro「私たちの」
profesora＜profesor「教師」 de **341**「～の」 inglés「英語」

ティエネス　エルマノス

¿Tienes [hermanos]?

兄弟はいますか。

▶ tienes＜tener **435**「持つ」

テンゴ　ウン　イホ　イ　ウナ　イハ

Tengo un [hijo] y una [hija].

私には息子と娘が1人ずついます。

▶ tengo＜tener **435**「持つ」

ロス　アブエロス　デ　マリア　ソン　ミス　ベシノス

Los [abuelos] de María son mis vecinos.

マリアの祖父母は私の隣人です。

▶ son＜ser **020**「～だ」 vecinos＜vecino「隣人，隣りの」

1回目	年　月　日	2回目	年　月　日	3回目	年　月　日	達成率
	／7		／7		／7	**1 %**

008
ファミリア
familia
名|女 家族

009
ニニョ／ニニャ
niño／niña
名|男/女 子ども

010
チコ／チカ
chico／chica
名|男/女 子ども, 青年
▪年齢層は広く30代あたりまでを指す。

011
プリモ／プリマ
primo／prima
名|男/女 いとこ

012
セニョル／セニョラ
señor／señora
名|男/女 紳士, 男性, ～氏／
婦人, 女性, ～夫人

013
オンブレ
hombre
名|男 男, 人間

014
アミゴ／アミガ
amigo／amiga
名|男/女 友人
▪enemigo／ga「敵」

ソモス　クアトロ　デ　ファミリア
Somos 4[cuatro] **de** `familia`.

私たちは4人家族です。

▶ somos＜ser **020**「～だ」 de **341**「～の」

アイ　ムチョス　ニニョス　エン　エル　パルケ
Hay muchos `niños` **en el parque.**

公園には子どもがたくさんいます。

▶ hay＜haber「～がある」 muchos＜mucho「多くの」 en **358**「～に」
parque **079**「公園」

ブエノス　ディアス　チカス　イ　チコス
Buenos días, `chicas` **y chicos.**

皆さん，おはよう。

▶ buenos días「おはよう」

エル　イホ　デ　ミ　ティア　エス　ミ　プリモ
El hijo de mi tía es mi `primo`.

（私の）おばの息子は（私の）いとこです。

▶ hijo **006**「息子」 mi「私の」 tía「おば」 es＜ser **020**「～だ」

アケル　セニョル　エス　ミ　プロフェソル
Aquel `señor` **es mi profesor.**

あの男性は私の先生です。

▶ aquel「あの」 mi「私の」 profesor「教師」

トドス　ロス　オンブレス　ソン　モルタレス
Todos los `hombres` **son mortales.**

すべての人間は死ぬものだ。

▶ todos los＋《名・複》 **336**「すべての～」 mortales＜mortal「死すべき」

テンゴ　ウナ　アミガ　エスパニョラ
Tengo una `amiga` **española.**

私にはスペイン人の友人がひとりいます。

▶ tengo＜tener **435**「持つ」 española＜español「スペイン（人）の」

| 1回目 | 年　月　日 ／7 | 2回目 | 年　月　日 ／7 | 3回目 | 年　月　日 ／7 | 達成率 2 % |

13

015 □□□ ム**チャ**チョ／ム**チャ**チャ
**muchacho／
muchacha**

名|男/女 子ども

---

016 □□□ **ノ**ンブレ
nombre

名|男 名前
- **nombrar**「名付ける」
- **apellido**「姓, 名字」

---

017 □□□ **ア**ニョ
año

名|男 年, 年齢
- **todos los años**「毎年」
- **todo el año**「1 年中」

---

018 □□□ プロフェシ**オ**ン
profesión

名|女 職業
- **trabajo**「仕事」

---

019 □□□ ジャ**マ**ルセ
llamarse
活用 p.183

再帰動 ～という名前である

---

020 □□□ **セ**ル
ser
活用 p.179

自動 ～である, ～だ

---

021 □□□ エス**タ**ル
estar
活用 p.173

自動 〔＋形・副〕～である《主語の状態を表す》,
〔＋場所を表す副詞句〕いる, ある《主語の所在を表す》

ロス　　ムチャチョス　　フエガン　アル　フトボル
Los [muchachos] juegan al fútbol.
子どもたちがサッカーをしています。
▶ juegan＜jugar **037**「（スポーツ・ゲームを）する」

ス　　ノンブレ　　エス　ハビエル
Su [nombre] es Javier.
彼の名前はハビエルです。
▶ su「彼の」es＜ser **020**「～だ」

テンゴ　　ベインティシンコ　　アニョス
Tengo veinticinco [años].
私は25歳です。
▶ tengo＜tener **435**「持つ」

クアル　エス　ス　　プロフェシオン
¿Cuál es su [profesión]?
あなたの職業は何ですか。
▶ cuál **499**「どれ」su「あなたの」

メ　　ジャモ　　マルタ
Me [llamo] Marta.
私の名前はマルタです。
▶ me「《再帰代名詞》自分自身を［に］」

ソモス　　デ　　マドリ
[Somos] de Madrid.
私たちはマドリッド出身です。
▶ de **341**「～から」

ケ　　グアパ　　エスタス　オイ
¡Qué guapa [estás] hoy!
君は今日なんてきれいなんだ！
▶ ¡Qué+《形》～!「なんて～だ！《感嘆文》」guapa＜guapo「美しい」
hoy **316**「今日」

1回目	年 月 日 ／7	2回目	年 月 日 ／7	3回目	年 月 日 ／7	達成率 4 %

15

■2日目

022 ☐☐☐	エスクエラ **escuela**	名 女 学校 ■特に小学校や各種学校など。
023 ☐☐☐	ウニベルシダ **universidad**	名 女 大学
024 ☐☐☐	クルソ **curso**	名 男 学年, 課程, コース
025 ☐☐☐	クラセ **clase**	名 女 クラス, 授業 ■compañero/ra de clase「クラスメート」
026 ☐☐☐	レクシオン **lección**	名 女 学課, レッスン
027 ☐☐☐	アルムノ/アルムナ **alumno/ alumna**	名 男/女 生徒, 学生
028 ☐☐☐	エストゥディアンテ **estudiante**	名 男・女 学生《高校以上》 ■alumno/na「(学校や教師から見た)学生」

ミ　イホ　ノ　バ　ア ラ　エスクエラ　オイ
Mi hijo no va a la [escuela] hoy.

今日，私の息子は学校に行きません。

▶ va＜**ir** 414 ＋a 345 ＋《場所》「～に行く」

クアンド　　テルミナス　ラ　　ウニベルシダ
¿Cuándo terminas la [universidad]?

いつ大学を卒業するの？

▶ cuándo 500「いつ」 terminas＜**terminar** 448「終了する」

エル　クルソ　　エンピエサ　エン　アブリル　エン　　ハポン
El [curso] empieza en abril en Japón.

日本では授業は4月に始まります。

▶ empieza＜**empezar** 444「始まる」 en 358「～に」 abril「4月」 Japón「日本」

オイ　ノ　テンゴ　　クラセ
Hoy no tengo [clase].

今日，私は授業がありません。

▶ hoy 316「今日」 tengo＜**tener** 435「持つ」

オイ　　バモス　ア　レパサル　　ラス　レクシオネス　　アンテリオレス
Hoy vamos a repasar las [lecciones] anteriores.

今日はこれまでの課を復習しましょう。

▶ vamos＜**ir** a ＋《不定詞》414「～するつもりだ」 repasar「復習する」
anteriores＜**anterior**「前の」

ラ　イハ　デル　セニョル　ロペス　エス　　アルムナ　　ミア
La hija del Sr. López es [alumna] mía.

ロペス氏の娘は私の生徒です。

▶ mía＜**mío**「私の《所有形容詞後置形》」

マリア　イ　ジョ　ソモス　エストゥディアンテス　デ　　ウニベルシダ
María y yo somos [estudiantes] de [universidad].

マリアと私は大学生です。

▶ somos＜**ser**「～だ」

029 ☐ ☐ ☐	エストゥディ**ア**ル **estudiar** 活用 p.174	(他動) 勉強する
030 ☐ ☐ ☐	アプレン**デ**ル **aprender** 活用 p.177	(他動) 学ぶ ・aprender a+《不定詞》「(〜の仕方を)習う」
031 ☐ ☐ ☐	プロレ**ソ**ル / プロレ**ソ**ラ **profesor /** **profesora**	(名|男/女) 教師
032 ☐ ☐ ☐	エンセ**ニャ**ル **enseñar** 活用 p.173	(他動) 教える
033 ☐ ☐ ☐	エス**トゥ**ディオ **estudio**	(名|男) 勉強 ・estudiar「学ぶ」
034 ☐ ☐ ☐	エク**サ**メン **examen**	(名|男) 試験 ・aprobar[pasar] un examen「試験に合格する」
035 ☐ ☐ ☐	プロブ**レ**マ **problema**	(名|男) 問題, 課題 ・problema de matemáticas「数学の問題」

ミス イハス エストゥディアン デレチョ エン ラ ウニベルシダ
Mis hijas [estudian] Derecho en la universidad.

私の娘たちは大学で法律を勉強しています。

▶ hijas＜hija 006「娘」 derecho「法律」 en 358「～（の中）に」

ミ マドレ キエレ アプレンデル ピアノ
Mi madre quiere [aprender] piano.

母はピアノを習いたいと思っています。

▶ quiere＜querer 259 +《不定詞》「～したい」

ミ パドレ エス プロフェソル デ イングレス
Mi padre es [profesor] de inglés.

私の父は英語教師です。

▶ mi「私の」 padre 001「父」 es＜ser 020「～だ」 de 341「～の」 inglés「英語」

エル セニョル ロドリゲス ノス エンセニャ エスパニョル
El Sr. Rodríguez nos [enseña] español.

ロドリゲスさんは私たちにスペイン語を教えてくれます。

▶ Sr.＜señor 012「～氏《略語》」 nos「私たちに」

ミ コンパニェロ デ クラセ エスタ エン ラ サラ デ エストゥディオ
Mi compañero de clase está en la sala de [estudio].

私のクラスメートは自習室にいます。

▶ mi「私の」 compañero de clase 025「クラスメート」 sala 269「ホール」 de 341「～の」

マニャナ テンゴ ウン エクサメン デ マテマティカス
Mañana tengo un [examen] de matemáticas.

明日は数学の試験があります。

▶ mañana 323「明日」 tengo＜tener 435「持つ」 matemáticas「数学」

エル ティエネ ムチョス プロブレマス エコノミコス
Él tiene muchos [problemas] económicos.

彼は経済的問題を多く抱えています。

▶ tiene＜tener 435「持つ」 muchos＜mucho「多くの」 económicos＜económico「経済的」

| 1回目 | 年 月 日 ／7 | 2回目 | 年 月 日 ／7 | 3回目 | 年 月 日 ／7 | 達成率 **7 %** |

19

036 □□□ エヘル**シ**シオ

ejercicio

名|男 運動, 練習（問題）

---

037 □□□ フ**ガ**ル

jugar
活用 p.174

自動 遊ぶ

- juego 名|男「ゲーム, 遊び」
- jugar al＋スポーツ名《男》「(スポーツ)を する」

---

038 □□□ エ(ク)スクル**シ**オン

excursión

名|女 遠足, ピクニック

- ir de excursión「遠足に行く」

---

039 □□□ トラバ**ハ**ル

trabajar
活用 p.177

自動 働く

---

040 □□□ トラ**バ**ホ

trabajo

名|男 仕事, 職場, 研究

---

041 □□□ バカシ**オ**ン

vacación

名|女 休暇, バカンス

- vacaciones de verano「夏季休暇」

---

042 □□□ パ**ペ**ル

papel

名|男 紙, 書類, 役割

- papel de cartas「便箋」
- papel de copia「コピー用紙」
- papel higiénico「トイレットペーパー」

エス　ブエノ　アセル　エヘルシシオ　トドス　ロス　ディアス

Es bueno hacer [ejercicio] todos los días.

毎日運動することはよいことです。

▶ bueno 200「よい」 hacer 218「する」 todos los días 317「毎日」

エル　ドミンゴ　フエゴ　アル　テニス　コン　ミス　アミゴス

El domingo [juego] al tenis con mis amigos.

今度の日曜日，友人とテニスをします。

▶ domingo「日曜」 tenis 059「テニス」 con 484「～と一緒に」 mis＜mi「私の」 amigos＜amigo 014「友人」

ボイ　デ　エ(ク)スクルシオン　エル　サバド

Voy de [excursión] el sábado.

私は土曜日に遠足に行きます。

▶ voy＜ir 414「行く」 sábado「土曜日」

ミ　エルマノ　トラバハ　エン　ウン　バンコ

Mi hermano [trabaja] en un banco.

兄は銀行に勤めています。

▶ mi「私の」 hermano 005「兄弟」 en 358「～(の中)で」 banco 090「銀行」

ミ　パドレ　バ　アル　トラバホ　トドス　ロス　ディアス

Mi padre va al [trabajo] todos los días.

父は毎日仕事へ行きます。

▶ mi「私の」 padre 001「父」 va＜ir 414「行く」 al＜a＋el の縮約 todo 336「すべての」 día 317「日」

エジョス　バン　ア　トマル　ラス　バカシオネス

Ellos van a tomar las [vacaciones].

彼らは休暇を取る予定です。

▶ van＜ir a ＋《不定詞》414「～するつもりだ」 tomar 437「(手に)取る」

メ　ダス　ウン　パペル

¿Me das un [papel]?

紙を1枚くれますか。

▶ me「私に」 das＜dar 471「与える」

1回目	年 月 日 ／7	2回目	年 月 日 ／7	3回目	年 月 日 ／7	達成率 8 %

21

043 □□□ リブロ
libro

名|男 本
- libro de texto「教科書」
- lectura 名|女 「読書」

044 □□□ クアデルノ
cuaderno

名|男 ノート
- libreta 名|女 「メモ帳」

045 □□□ ラピス
lápiz

名|男 鉛筆
- goma (de borrar)「消しゴム」

046 □□□ ボリグラフォ
bolígrafo

名|男 ボールペン
- 短縮形は boli。

047 □□□ ディクシオナリオ
diccionario

名|男 辞書, 辞典
- diccionario español-japonés
「西和辞典」

048 □□□ イディオマ
idioma

名|男 《ひとつの共同体としての》言語
- lengua 名|女 《記号体系としての自然な》言語」

049 □□□ パラブラ
palabra

名|女 言葉, 単語
- frase 名|女 「フレーズ, 文」

コンプロ　　ウノス　　リブロス　デ　テクスト
Compro unos [libros] de texto.

私は教科書を数冊買います。

▶ compro＜comprar **475**「買う」

トモ　　ノタス　デ　レセタス　エン　エル　　クアデルノ
Tomo notas de recetas en el [cuaderno].

私はノートにレシピをメモしています。

▶ tomar **437** notas「メモを取る」

メ　　プレスタス　エル　ラピス
¿Me prestas el [lápiz]?

私に鉛筆を貸してくれる？

▶ me「私に」 prestas＜prestar「貸す」

メ　　プレスタス　トゥ　　ボリグラフォ
¿Me prestas tu [bolígrafo]?

私に君のボールペンを貸してくれますか。

▶ me「私に」 tu「君の」

シ　ティエネス　アルグナ　　ドゥダ　　コンスルタ　エル　ディクシオナリオ
Si tienes alguna duda, consulta el [diccionario].

何か疑問があるときは，辞書をひきなさい。

▶ duda「疑問」 consulta＜consultar「相談する，参照する」＊ tú に対する命令。

ミ　　アブエロ　　アブラ　トレス　イディオマス
Mi abuelo habla tres [idiomas].

私の祖父は3か国語を話します。

▶ mi「私の」 abuelo **007**「祖父」 habla＜hablar **449**「話す」

エスタ　　パラブラ　　ビエネ　デル　イングレス
Esta [palabra] viene del inglés.

この単語は英語起源である。

▶ esta＜este「この」 viene＜venir **415**「来る」 del＜de **341** ＋ el の縮約
inglés「英語」

1回目	年 月 日 ／7	2回目	年 月 日 ／7	3回目	年 月 日 ／7	達成率 9 %

050 ☐ ☐ ☐	レビスタ **revista**	名|女 雑誌, 点検, レビュー ・revista semanal「週刊誌」 ・revista mensual「月刊誌」
051 ☐ ☐ ☐	プラノ **plano**	名|男 地図《市街地図など狭域なもの》 ・mapa 名|男「地図《世界地図など広域なもの》」
052 ☐ ☐ ☐	コロル **color**	名|男 色 ・rojo「赤」　・azul「青」 ・verde「緑」　・amarillo「黄」 ・blanco「白」　・negro「黒」
053 ☐ ☐ ☐	ペルソナ **persona**	名|女 人 ・gran persona「偉大な人」
054 ☐ ☐ ☐	ヘンテ **gente**	名|女 人々 ・一般的に集合名詞。
055 ☐ ☐ ☐	ディオス／ディオサ **dios／diosa**	名|男/女 神／女神 ・Hijo de Dios「神の子（イエス・キリスト）」
056 ☐ ☐ ☐	エ(ク)ストランヘロ／エ(ク)ストランヘラ **extranjero／extranjera**	名|男/女 外国人　形 外国の ・país 名|男 extranjero「外国」

レオ　ウナ　レビスタ　デ　リブロス

Leo una $\boxed{\text{revista}}$ de libros.

私は書評を読みます。

▶ leo＜leer **457**「読む」 de **341**「～の」 libro **043**「本」

ティエネス　エル　プラノ　デ　バルセロナ

¿Tienes el $\boxed{\text{plano}}$ de Barcelona?

君はバルセロナの地図を持っていますか。

▶ tienes＜tener **435**「持つ」

デ　ケ　コロル　エストゥ　モビル

¿De qué $\boxed{\text{color}}$ es tu móvil?

君の携帯は何色ですか。

▶ qué **504**「何」 es＜ser **020**「～だ」 tu「君の」 móvil **398**「携帯電話」

エジャ　エス　ウナ　ペルソナ　ムイ　ブエナ

Ella es una $\boxed{\text{persona}}$ muy buena.

彼女はとてもよい人だ。

▶ muy **483**「とても」 buena＜bueno **200**「よい」

アイ　ムチャ　ヘンテ　エン　ラ　プラサ

Hay mucha $\boxed{\text{gente}}$ en la plaza.

広場にはたくさんの人がいる。

▶ hay＜haber「～がある, いる」 mucha＜mucho「多くの」 plaza **080**「広場」

ディオス　ミオ

¡$\boxed{\text{Dios}}$ mío!

ああ, なんてことだ！《驚き, 賞賛など》

▶ mío「私の」

エン　ラ　ウニベルシダ　アイ　ムチョス　エストゥディアンテス　エ(ク)ストランヘロス

En la universidad hay muchos estudiantes $\boxed{\text{extranjeros}}$.

大学にはたくさんの留学生がいる。

▶ en **358**「～（の中）に」 universidad **023**「大学」 muchos＜mucho「多くの」
estudiante **028**「学生」

1回目	年 月 日 ／7	2回目	年 月 日 ／7	3回目	年 月 日 ／7	達成率 11 %

057 □ □ □	デポルテ **deporte**	名|男 スポーツ ▪deportivo/a「スポーツの」
058 □ □ □	フトボル **fútbol**	名|男 サッカー ▪jugar al fútbol「サッカーをする」 ▪fútbol sala「フットサル」 ▪balón 名|男 (de fútbol)「(サッカー)ボール」
059 □ □ □	テニス **tenis**	名|男 テニス ▪jugar al tenis「テニスをする」 ▪raqueta 名|女「ラケット」
060 □ □ □	パルティド **partido**	名|男 試合 ▪partido de fútbol「サッカーの試合」 ▪partido de tenis「テニスの試合」
061 □ □ □	ムシカ **música**	名|女 音楽 ▪música clásica「クラシック音楽」 ▪hacer música「音楽を演奏する」
062 □ □ □	カンシオン **canción**	名|女 歌 ▪canción de amor「ラブソング」
063 □ □ □	カンタル **cantar** 活用 p.171	自動 歌う 他動 ～を歌う

09

アゴ　デポルテ　トドス　ロス　ディアス
Hago deporte todos los días.

私は毎日運動しています。

▶ hago＜hacer 218「する」 todos los días 317「毎日」

ラ　コパ　ムンディアル　デ　フトボル　セ　セレブラ　カダ　クアトロ　アニョス
La Copa Mundial de Fútbol se celebra cada 4[cuatro] años.

サッカーのワールドカップは4年ごとに開催される。

▶ la copa mundial「ワールドカップ」 se celebra＜celebrarse「開催される」
cada 337「～ごとに」

ラファ　ナダル　エス　ウン　フガドル　デ　テニス　プロフェシオナル
Rafa Nadal es un jugador de tenis profesional.

ラファ・ナダルはプロテニスプレーヤーです。

▶ jugador「選手」 profesional「プロの」

ベオ　エル　パルティド　デ　フトボル　エン　ラ　テレ
Veo el partido de fútbol en la tele.

私はテレビでサッカーの試合を見ます。

▶ veo＜ver 452「見る」 de「～の」 en 358「～で」 tele＜televisión 280「テレビ」

オス　グスタ　ラ　ムシカ　クラシカ
¿Os gusta la música clásica?

君たちはクラシック音楽が好きですか。

▶ os「君たちに」 gusta＜gustar 257「気に入る」 clásica＜clásico「古典的な」

ア　ミス　パドレス　レス　グスタン　ムチョ　ラス　カンシオネス　デ　ロス　アニョス　オチェンタ
A mis padres les gustan mucho las canciones de los años 80[ochenta].

私の両親は80年代の歌がとても好きです。

▶ mis＜mi「私の」 padres 001「両親」 gustan＜gustar 257「気に入る」
mucho「大いに，たいへん」 años＜año 017「年」

オイ　ノ　カント　ポルケ　メ　ドゥエレ　ラ　ガルガンタ
Hoy no canto porque me duele la garganta.

私は喉が痛いので，今日は歌いません。

▶ porque 503「なぜならば」 me「私に」 doler 204「痛い」 garganta「喉」

1回目	年 月 日 ／7	2回目	年 月 日 ／7	3回目	年 月 日 ／7	達成率 12 %

064 ☐ ☐ ☐	バイラル **bailar** 活用 p.170	[自動] 踊る [他動] 〜を踊る
065 ☐ ☐ ☐	ギタラ **guitarra**	[名|女] ギター ▪tocar la guitarra「ギターを弾く」
066 ☐ ☐ ☐	ピアノ **piano**	[名|女] ピアノ ▪tocar el piano「ピアノを弾く」
067 ☐ ☐ ☐	アルテ **arte**	[名|男/女] 芸術 ▪bellas artes [名|女]「美術」※複数形では女性。
068 ☐ ☐ ☐	カマラ **cámara**	[名|女] カメラ
069 ☐ ☐ ☐	フォト **foto**	[名|女] 写真 ▪fotografía の略。 ▪hacerse una foto「(自分の) 写真を撮る」
070 ☐ ☐ ☐	ベリクラ **película**	[名|女] 映画 ▪ver una película「映画を観る」

カルメン　　バイラ　　ムイ　　ビエン
Carmen baila muy bien.

カルメンは踊りがうまいです。

▶ muy 483「とても」 bien 199「上手に」

エル　アプレンデ　ア　トカル　ラ　　ギタラ
Él aprende a tocar la guitarra.

彼はギターを習っています。

▶ aprende＜aprender a＋《不定詞》030「～するのを習う」

トコ　エル　ピアノ
Toco el piano.

私はピアノを弾きます。

▶ toco＜tocar 434「演奏する」

エストゥディオ　ベジャス　　アルテス
Estudio Bellas Artes.

私は美術を勉強しています。

▶ estudio＜estudiar 029「勉強する」

テンゴ　　ウナ　　カメラ　　デ　ビヒランシア　　パラ　ミ　ガト
Tengo una cámara de vigilancia para mi gato.

私は猫のための監視カメラを持っています。

▶ vigilancia「監視」 para 493「～のため」 gato 132「猫」

ノス　　アセモス　　ウナ　フォト
Nos hacemos una foto.

（私たちの）写真を撮りましょう。

ベモス　　ウナ　　ペリクラ　　エスパニョラ　エン　ラ　テレ
Vemos una película española en la tele.

私たちはテレビでスペイン映画を見ます。

▶ vemos＜ver 452「見る」 española＜español「スペインの」 en 358「～で」
tele＜televisión 280「テレビ」

1回目	年　月　日 ／7	2回目	年　月　日 ／7	3回目	年　月　日 ／7	達成率 14 %

29

071 □□□ ベス **vez**
名|女 度, 回
- una vez a la semana「週 1 回」

072 □□□ ビアハル **viajar** 活用 p.177
自動 旅行する
- viajar por「(〜を) 旅行する」
- viaje 名|男「旅行」

073 □□□ ビシタル **visitar** 活用 p.177
他動 訪れる
- visitar España「スペインに行く」

074 □□□ レスタウランテ **restaurante**
名|男 レストラン
- menú 名|男「メニュー」

075 □□□ コメドル **comedor**
名|男 食堂
- comedor universitario「大学の学食」

076 □□□ カフェテリア **cafetería**
名|女 カフェテリア, 喫茶店

077 □□□ バル **bar**
名|男 バル《軽食や飲み物, お酒を出す店》

エモス　エスタド　エン　チナ　バリアス　ベセス

Hemos estado en China varias [veces].

私たちは何度も中国に行ったことがあります。

▶ estado＜estar **021**「〜にいる」hemos＜haber＋《過去分詞》：現在完了
en **358**「〜に」varias＜vario「いくつかの」

エル　プロクシモ　アニョ　バモス　ア　ビアハル　ポル　ペル

El próximo año vamos a [viajar] por Perú.

来年ペルーを旅行する予定です。

▶ próximo「次の」año **017**「年」vamos＜ir a ＋《不定詞》**414**「〜するつもりだ」

エル　ドミンゴ　ビシタモス　ア　ヌエストロス　アブエロス

El domingo [visitamos] a nuestros abuelos.

日曜に私たちは祖父母を訪れます。

▶ domingo「日曜」nuestros＜nuestro「私たちの」abuelos **007**「祖父母」

コメモス　エン　ウン　レスタウランテ　フランセス

Comemos en un [restaurante] francés.

私たちはフランスレストランで食事をします。

▶ comemos＜comer **215**「食べる」en **358**「〜（の中）で」francés「フランスの」

ロス エストゥディアンテス　コメン　エン エル　コメドル　ウニベルシタリオ

Los estudiantes comen en el [comedor] universitario.

学生は学食で昼食をとります。

▶ estudiante **028**「学生」comen＜comer **215**「昼食をとる」
universitario「大学の」

テ　エスペロ　エン　ラ　カフェテリア

Te espero en la [cafetería].

君を（その）喫茶店で待ってるよ。

▶ te「君を」espero＜esperar **261**「待つ」

エン エル バル　デサジュノ　ウン　カフェ　コン　レチェ　イ　チュロス

En el [bar] desayuno un café con leche y churros.

バルでチュロスとカフェオレの朝食を取ります。

▶ desayuno＜desayunar **212**「朝食をとる」café con leche「カフェオレ」
churros「チュロス」

1回目	年 月 日 ／7	2回目	年 月 日 ／7	3回目	年 月 日 ／7	達成率 15 %

078
オテル
hotel

名|男 ホテル
- reservar un hotel「ホテルを予約する」

079
パルケ
parque

名|男 公園
- parque zoológico「動物園」

080
プラサ
plaza

名|女 広場

081
ムセオ
museo

名|男 美術館, 博物館

082
テアトロ
teatro

名|男 劇場

083
シネ
cine

名|男 映画館, 映画
- ir al cine「映画を見に行く」

084
ビブリオテカ
biblioteca

名|女 図書館

ブスコ ウン オテル バラト セルカ デル アエロプエルト

Busco un [hotel] barato cerca del aeropuerto.

私は空港の近くの安いホテルを探しています。

▶ buscar 424「探す」 barato 413「安い」 cerca 361「近くに」
aeropuerto 103「空港」

ポル ラ マニャナ ドイ ウン パセオ ポル エル パルケ

Por la mañana doy un paseo por el [parque].

私は朝, 公園を散歩します。

▶ por la mañana 323「午前中」 doy＜dar un paseo「散歩する」
por 342「～を（ずっと）」

ドンデ エスタ ラ プラサ

¿Dónde está la [plaza]?

広場はどこにありますか。

▶ dónde 497「どこ」 está＜estar 021「～にある」

ア メヌド ビシタモス エル ムセオ デル プラド

A menudo visitamos el [Museo] del Prado.

私たちは頻繁にプラド美術館に行きます。

▶ a menudo「頻繁に」 visitamos＜visitar 073「訪問する」

レオ ウナ オブラ デ テアトロ

Leo una obra de [teatro].

私は戯曲を読む。

▶ leo＜leer 457「読む」 obra「作品」 de 341「～の」

エル シネ デ ベラノ エンピエサ コン ラ ジェガダ デル ブエン ティエンポ

El [cine] de verano empieza con la llegada del buen tiempo.

天気がよくなると野外映画会が始まります。

▶ verano「夏」 empieza＜empezar 444「始まる」 llegada「到着」
tiempo 309「天気」

スエロ サカル リブロス エン ラ ビブリオテカ

Suelo sacar libros en la [biblioteca].

私はいつも図書館で本を借ります。

▶ suelo＜soler ＋《不定詞》「いつも～する」 sacar 438「引き出す」
libros＜libro 043「本」

| 1回目 | 年 月 日 ／7 | 2回目 | 年 月 日 ／7 | 3回目 | 年 月 日 ／7 | 達成率 16 % |

33

文法復習①　場所の表現と指示詞／方角

　指示詞には指示形容詞と指示代名詞があります。指示形容詞は，修飾する名詞の性と数に合わせて形が変わります。

	この　男の子	**その**　男の子	**あの**　男の子
男性（単数）	エステ **este**　ニーニョ **niño**	エセ **ese**　ニーニョ **niño**	アケル **aquel**　**niño**
男性（複数）	エストス **estos**　ニーニョス **niños**	エソス **esos**　ニーニョス **niños**	アケジョ **aquellos niños**
女性（単数）	エスタ **esta**　ニーニャ **niña**	エサ **esa**　ニーニャ **niña**	アケジャ **aquella niña**
女性（複数）	エスタス **estas**　ニーニャス **niñas**	エサス **esas**　ニーニャス **niñas**	アケジャス **aquellas niñas**

　指示代名詞は，ほとんど上述の指示形容詞と同じですが，中性形があるので注意が必要です。中性形は単数形のみです。

	これ	**それ**	**あれ**
男性（単数）	este	ese	aquel
男性（複数）	estos	esos	aquellos
女性（単数）	esta	esa	aquella
女性（複数）	estas	esas	aquellas
中性（単数）	エスト esto	エソ eso	アケジョ aquello

　中性形は，名称がわからないものを指し示したり，抽象的なことがらを示します。

¿Qué es aquello**?**	あれは何ですか。
—**Es una iglesia.**	—教会ですよ。
Este coche es más caro que ese**.**	この車はそれ〔＝その車〕よりも高価だ。
Esta noche voy a la fiesta.	今夜，私はパーティに行きます。

場所の表現にはさまざまなものがありますが，まずは，近いところから遠いところを指す，「ここ」「そこ」「あそこ」を覚えておきましょう。

ここ	そこ	あそこ
アキ aquí	アイ ahí	アジ allí

¿Hay una estación por aquí?　　この辺りに駅はありますか。

場所を表す

〜の近くに	セルカ デ cerca de	〜から遠くに	レホス デ lejos de
〜の側に	アル ラド デ al lado de	〜の正面に	エンフレンテ デ enfrente de
〜の後ろに	デトラス デ detrás de	〜の上に	エンシマ デ encima de
〜の下に	デバホ デ debajo de	〜の上に	ソブレ sobre
〜の上［中］に	エン en	AとBの間に	エントレ イ entre A y B
上に	アリバ arriba	下に	アバホ abajo

Mi casa está lejos de la estación.　私の家は駅から遠い。

¿Dónde está Isabel?　　　　　イサベルはどこにいるの？

—Está arriba.　　　　　　　　—上（の階）にいるよ。

方角を表す

東	西	南	北
エステ este	オエステ oeste	スル sur	ノルテ norte

En el norte de Japón hace mucho frío en el invierno.

日本の北部では，冬はとても寒い。

En el sur de España hace mucho calor y llueve poco.

スペインの南部地方はとても暑くて雨はあまり降らない。

085 リブレ**リ**ア

librería

名|女 書店

---

086 オスピ**タ**ル

hospital

名|男 病院

- ingresar en el hospital「入院する」
- salir del hospital「退院する」

---

087 ファル**マ**シア

farmacia

名|女 薬局

---

088 イグ**レ**シア

iglesia

名|女 教会

---

089 カテド**ラ**ル

catedral

名|女 大聖堂, カテドラル

---

090 **バ**ンコ

banco

名|男 銀行

- abrir una cuenta「口座を開く」
- 「ベンチ」という意味でも使う。

---

091 オフィ**シ**ナ

oficina

名|女 事務所, オフィス, 会社

- oficina de correos「郵便局」

エン　エステ　エディフィシオ　アイ　ウナ　リブレリア　グランデ

En este edificio hay una librería grande.

このビルには大きな書店が入っています。

▶ en ⬛「～（の中）に」 este「この」 edificio「ビル」 hay＜haber「～がある」
grande ⬛「大きい」

ミ　ティオ　エス　メディコ　イ　トラバハ　エン　ウン　オスピタル　デ　ロンドレス

Mi tío es médico y trabaja en un hospital de Londres.

私のおじは医者で，ロンドンの病院で働いています。

▶ mi「私の」 tío「おじ」 médico「医師」 trabaja＜trabajar ⬛「働く」
Londres「ロンドン」

セルカ　デ　ミ　カサ　アイ　ウナ　ファルマシア

Cerca de mi casa hay una farmacia.

家の近所に薬局があります。

▶ cerca de ⬛「～の近くに」 casa ⬛「家」

ミ　アブエラ　バ　ア　ラ　イグレシア　トドス　ロス　ドミンゴス

Mi abuela va a la iglesia todos los domingos.

私の祖母は毎週日曜日に教会へ行きます。

▶ mi「私の」 abuela ⬛「祖母」 va＜ir ⬛「行く」
todos los＋《名・複》⬛「すべての～」 domingos＜domingo「日曜日」

ラ　カテドラル　エスタ　エン　ラ　プラサ

La catedral está en la plaza.

カテドラルは広場にあります。

▶ está＜estar ⬛「ある，いる」 plaza ⬛「広場」

プリメロ　ティエネス　ケ　アブリル　ウナ　クエンタ　エン　ウン　バンコ

Primero, tienes que abrir una cuenta en un banco.

まず，君は銀行に口座を開かなければなりません。

▶ primero「まず」 tienes＜tener ⬛ que＋《不定詞》「～しなければならない」

ラ　オフィシナ　デ　コレオス　エスタ　セルカ　デル　アジュンタミエント

La oficina de correos está cerca del ayuntamiento.

郵便局は市役所の近くにあります。

▶ ayuntamiento「市役所」

	年 月 日		年 月 日		年 月 日	達成率
1回目	／7	2回目	／7	3回目	／7	**18 %**

092 □□□ ビジェテ

billete

名|男 切符, 入場券

- billete de ida y vuelta「往復切符」

093 □□□ エントラダ

entrada

名|女 入口, 入場券

- salida 名|女 「出口」

094 □□□ パラダ

parada

名|女 停留所

- parada de autobús「バス停」
- parada de taxis「タクシー乗り場」

095 □□□ アシエント

asiento

名|男 座席

096 □□□ エスタシオン

estación

名|女 駅

- 「季節」という意味でも使う。

097 □□□ メトロ

metro

名|男 地下鉄

- subir al metro「地下鉄に乗る」

098 □□□ トレン

tren

名|男 電車

- cambiar de tren「電車を乗り換える」

Pagamos el │billete│ de ida y vuelta.
パガモス エル ビジェテ デ イダ イ ブエルタ

往復切符の料金を支払います。

▶ pagamos＜pagar 474「支払う」 de 341「～の」 ida y vuelta「往復」

Tengo 2[dos] │entradas│ para la exposición.
テンゴ ドス エントラダス パラ ラ エ(ク)スポシシオン

私は展覧会のチケットを2枚持っています。

▶ tengo＜tener 435「持つ」 para 493「～のための」 exposición「展覧会」

Esperamos el autobús en la │parada│.
エスペラモス エル アウトブス エン ラ パラダ

私たちは停留所でバスを待ちます。

▶ esperamos＜esperar 261「待つ」 autobús 101「バス」 en 358「～で」

Prefiero el │asiento│ de pasillo al (asiento) de ventana.
プレフィエロ エル アシエント デ パシジョ アル アシエント デ ベンタナ

私は窓側(の席)よりも通路側の席が好きです。

▶ preferir A a B 258「B より A を好む」 pasillo 273「通路」 ventana 284「窓」

El AVE sale de la │estación│ de Atocha.
エル アベ サレ デ ラ エスタシオン デ アトチャ

AVEはアトーチャ駅から出発します。

▶ AVE (Alta Velocidad Española)「スペインの高速鉄道」
sale＜salir 419「出発する」 de 341「～の, から」

Miguel va a la universidad en │metro│.
ミゲル バ ア ラ ウニベルシダ エン メトロ

ミゲルは地下鉄で大学に行きます。

▶ va＜ir 414「行く」 a「～へ」 universidad 023「大学」 en 358「～で」

En │tren│ se tarda menos que en autobús.
エン トレン セ タルダ メノス ケ エン アウトブス

電車のほうがバスよりも時間がかかりません。

▶ se tarda＜tardarse「時間がかかる」 menos 196「より少なく」

| 1回目 | 年 月 日 ／7 | 2回目 | 年 月 日 ／7 | 3回目 | 年 月 日 ／7 | 達成率 **19 %** |

39

099 □□□ コチェ

coche

名|男 車

- conducir un coche「車を運転する」

100 □□□ タクシ

taxi

名|男 タクシー

- taxista 名|男/女「タクシードライバー」

101 □□□ アウトブス

autobús

名|男 バス

- autobús urbano「路線バス」

102 □□□ アビオン

avión

名|男 飛行機

- billete 名|男 de avión「航空券」

103 □□□ アエロプエルト

aeropuerto

名|男 空港

- despegar「離陸する」
- aterrizar「着陸する」

104 □□□ ビシクレタ

bicicleta

名|女 自転車

105 □□□ バルコ

barco

名|男 船

40

バモス ア アルキラル ウン コチェ パラ コノセル エル プエブロ

Vamos a alquilar un [coche] para conocer el pueblo.

村を回るために車を借りよう。

▶ vamos＜ir a＋《不定詞》**414**「〜しましょう」 alquilar「借りる」
conocer **463**「(体験的に)知っている」

バモス ア ラ エスタシオン エン タクシ

Vamos a la estación en [taxi].

私たちはタクシーで駅に向かいます。

▶ vamos＜ir **414**「行く」 a **345**「〜へ」 estación **096**「駅」

ボイ アル インスティトゥト エン アウトブス

Voy al instituto en [autobús].

私は高校にバスで通学しています。

▶ voy＜ir **414**「行く」 al＜a＋el の縮約 instituto「高校」 en **358**「〜で」

メ グスタ ビアハル エン アビオン

Me gusta viajar en [avión].

私は飛行機で旅行するのが好きです。

▶ me「私に」 gusta＜gustar **257**「気に入る」 viajar **072**「旅行する」

エル アエロプエルト デ ナリタ ノ エスタ エン トキオ

El [aeropuerto] de Narita no está en Tokio.

成田空港は東京にはありません。

▶ está＜estar **021**「ある，いる」

ミ ニニョ キエレ ウナ ビシクレタ ヌエバ

Mi niño quiere una [bicicleta] nueva.

私の息子は新しい自転車をほしがっています。

▶ mi「私の」 niño **009**「子ども」 quiere＜querer **259**「欲する」
nueva＜nuevo **190**「新しい」

アルグン ディア キエロ ビアハル ポル エル ムンド エン バルコ

Algún día quiero viajar por el mundo en [barco].

いつか船で世界中を旅してみたいです。

▶ algún día「いつか」 quiero＜querer **259** ＋《不定詞》「〜したい」
mundo **116**「世界」

| 1回目 | 年 月 日 ／7 | 2回目 | 年 月 日 ／7 | 3回目 | 年 月 日 ／7 | 達成率 **21 %** |

106 □□□ コンドゥシル
conducir
活用 p.180
自動 他動 運転する

107 □□□ アクシデンテ
accidente
名|男 事故
- accidente de tráfico「交通事故」
- sufrir un accidente「事故に遭う」

108 □□□ ポリシア
policía
名|男・女 警察, 警察官

109 □□□ ゴビエルノ
gobierno
名|男 政府

110 □□□ イストリア
historia
名|女 歴史

111 □□□ レイ
ley
名|女 法律
- proyecto 名|男 de ley「法案」
- respetar la ley「法を遵守する」

112 □□□ ゲラ
guerra
名|女 戦争
- guerra civil「内戦」
- estar en guerra「戦時下にある」

セ　コンドゥシル
Sé | conducir |.
私は運転できます。
▶ sé＜saber **459** +《不定詞》「〜できる」

エン　エスタ　エスキナ　アイ　ムチョス　アクシデンテス　デ　トラフィコ
En esta esquina hay muchos | accidentes | **de tráfico.**
この角では交通事故が多発しています。
▶ en **358**「〜（の中）で」 esta＜este「この」 esquina「角」
hay＜haber「〜がある」 muchos＜mucho「多くの」 tráfico「交通」

ポル　アキ　ビエネン　ムチョス　ポリシアス
Por aquí vienen muchos | policías |.
この辺りには沢山の警官が来ます。
▶ por **342**「〜の辺りに」 aquí「ここ」 vienen＜venir **415**「来る」

エル　プリメル　ミニストロ　フォルマ　ウン　ヌエボ　ゴビエルノ
El primer ministro forma un nuevo | gobierno |.
首相は組閣する。
▶ primer ministro「首相」 forma＜formar「構成する」 nuevo **190**「新しい」

メ　インテレサ　ラ　イストリア　デ　エスパーニャ
Me interesa la | historia | **de España.**
私はスペイン史に興味があります。
▶ me「私に」 interesa＜interesar「興味を抱かせる」 de **341**「〜の」
España「スペイン」

アイ　ケ　レスペタル　ラ　レイ
Hay que respetar la | ley |.
法は順守しなければならない。
▶ hay que+《不定詞》「〜しなければならない」 respetar「守る」

ラ　セグンダ　ゲラ　ムンディアル　コミエンサ　エン　ミル ノベシエントス クアレンタ イ シンコ
La Segunda | Guerra | **Mundial comienza en 1945**[mil novecientos cuarenta y cinco].
第二次世界大戦は 1945 年に始まった。
▶ segunda＜segundo「２番目の」 mundial「世界の」
comienza＜comenzar「始まる」

1回目	年　月　日 ／7	2回目	年　月　日 ／7	3回目	年　月　日 ／7	達成率 22 %

113 □ □ □
ラソン
razón
名|女 理性, 道理
- seguir a la razón「道理に従う」

114 □ □ □
フエルサ
fuerza
名|女 力, 暴力
- con toda fuerza「力いっぱい」

115 □ □ □
カソ
caso
名|男 事件, 場合, ケース
- según el caso「場合により」

116 □ □ □
ムンド
mundo
名|男 世界, 世間
- en el mundo entero「世界中で」
- bola 名|女 del mundo, Tierra 名|女
  「地球」

117 □ □ □
ベルダ
verdad
名|女 真実

118 □ □ □
ベルドン
perdón
名|男 許し
- pedir perdón a +《人》+ por「《人》
  に〜の許しを乞う」

119 □ □ □
ポデル
poder
活用 p.179
他 動 〔+不定詞〕《状況・能力・資格で》
　　　〜できる
名|男 権力

44

17

ティエネス　ラソン
Tienes [razón].

君の言うことは正しい。

▶ tienes＜tener 435「持つ」

エル ティエネ フエルサ デ ボルンタ
Él tiene [fuerza] de voluntad.

彼は意思が強い。

▶ tiene＜tener 435「持つ」 voluntad「意思」

エン カソ デ エメルヘンシア ジャマ アル シエント ディエス
En [caso] de emergencia, llama al 110[ciento diez].

緊急の場合は 110 番に電話しなさい。

▶ emergencia「緊急」 llama＜llamar 400「電話する」＊tú に対する命令。

トド エル ムンド ロ ディセ アシ
Todo el [mundo] lo dice así.

みんなそう言っているよ。

▶ todo 336「すべての」 lo「それを」 dice＜decir 450「言う」 así「そのように」

ディメ ラ ベルダ
Dime la [verdad].

本当のことを言いなさい。

▶ dime＝di＜decir 450「言う」《tú に対する命令》＋me「私に」

ペルドン
¡[Perdón]!

すみません。

▶ 謝罪の表現

プエデス アジュダルメ
¿[Puedes] ayudarme?

（君は）私を手伝ってくれますか。

▶ ayudarme＝ayudar 470「手伝う」＋me「私を」

| 1回目 | 年 月 日 ／7 | 2回目 | 年 月 日 ／7 | 3回目 | 年 月 日 ／7 | 達成率 23 % |

45

120 □
□
□
カミノ

camino

名|男《一般に》道

---

121 □
□
□
カジェ

calle

名|女 通り, 道,《屋内に対して》外

- avenida 名|女 「並木道」
- paseo 名|男 「遊歩道」

---

122 □
□
□
プエルト

puerto

名|男 港

- puerto pesquero「漁港」

---

123 □
□
□
プエンテ

puente

名|男 橋, 連休

- puente peatonal「歩道橋」

---

124 □
□
□
エディフィシオ

edificio

名|男 建物・ビル

---

125 □
□
□
イスラ

isla

名|女 島

---

126 □
□
□
パイス

país

名|男 国, 地方, 国民

- País Vasco「バスク地方」

18

シエンプレ　メ　エキボコ　デ　カミノ
Siempre me equivoco de camino.

私はいつも道を間違えます。

▶ siempre **371**「いつも」 me equivoco＜equivocarse de「～を間違える」

ミス　アブエロス　ビベン　エン　エスタ　カジェ
Mis abuelos viven en esta calle.

私の祖父母はこの通りに住んでいる。

▶ abuelos **007**「祖父母」 viven＜vivir **264**「暮らす」 esta＜este「この」

ムチョス　バルコス　エントラン　ア　エステ　プエルト
Muchos barcos entran a este puerto.

多くの船がこの港に入る。

▶ muchos＜mucho「多くの」 barco **105**「船」 entran＜entrar **421**「入る」

バモス　ア　クルサル　ポル　アケル　プエンテ
Vamos a cruzar por aquel puente.

あの橋を渡りましょう。

▶ vamos＜ir a ＋《不定詞》**414**「～しましょう」 cruzar「渡る」
por **342**「～を通って」 aquel「あの」

アイ　ウナ　ピスシナ　エン　ラ　アソテア　デル　エディフィシオ
Hay una piscina en la azotea del edificio.

ビルの屋上にプールがあります。

▶ hay＜haber「ある」 piscina「プール」 azotea「屋上」

ラス　イスラス　バレアレス　エスタン　エン　エル　マル　メディテラネオ
Las Islas Baleares están en el mar Mediterráneo.

バレアレス諸島は地中海にある。

▶ están＜estar **021**「ある，いる」 mar Mediterráneo「地中海」

ハポン　エス　ウン　パイス　インスラル
Japón es un país insular.

日本は島国だ。

▶ Japón「日本」 es＜ser **020**「～だ」 insular「島の」

127 □ □ □
カピ**タ**ル
capit_al

名 男・女 首都　名 男 資本

128 □ □ □
プ**エ**ブロ
pue_blo

名 男 村, 国民
- el pueblo español「スペイン人」

129 □ □ □
シ**ウ**ダ
ciud_ad

名 女 都市, 町
- ciudad hermana「姉妹都市」

130 □ □ □
カンポ
ca_mpo

名 男 田舎, 野原

131 □ □ □
ア二**マ**ル
anim_al

名 男 動物

132 □ □ □
ガト／**ガ**タ
ga_to／ga_ta

名 男／女 猫
- gatito／ta「子猫」

133 □ □ □
ペロ／**ペ**ラ
pe_rro／pe_rra

名 男／女 犬
- cachorro／rra「子犬」

トキオ　エス　ラ　カピタル　デ　ハポン

Tokio es la `capital` de Japón.

東京は日本の首都だ。

▶ Tokio「東京」 es＜ser **020**「～だ」 de **341**「～の」 Japón「日本」

ビビモス　エン　ウン　プエブロ　セルカ　デル　マル

Vivimos en un `pueblo` cerca del mar.

私たちは海沿いの村で暮らしている。

▶ vivimos＜vivir **264**「暮らす」 en **358**「～で」 cerca de **361**「～の近くに」 mar **139**「海」

エン　エスタ　シウダ　セ　ビベ　ビエン

En esta `ciudad` se vive bien.

この町は住みやすい。

▶ esta＜este「この」 se vive＜vivirse bien **199**「暮らしやすい」

バモス　デ　エ(ク)スクルシオン　アル　カンポ

Vamos de excursión al `campo`.

遠足で郊外へ行きます。

▶ vamos＜ir **414** de excursión「遠足に行く」

メ　グスタン　ムチョ　ロス　アニマレス

Me gustan mucho los `animales`.

私は動物が大好きだ。

▶ me「私に」 gustan＜gustar **257**「気に入る」 mucho「大いに，たいへん」

テネモス　トレス　ガトス

Tenemos 3[tres] `gatos`.

私たちは3匹猫を飼っている。

▶ tenemos＜tener **435**「持つ」

サコ　アル　ペロ　ア　ラ　カジェ　ポル　ラ　マニャナ

Saco al `perro` a la calle por la mañana.

私は朝，犬の散歩に行きます。／犬を外に連れ出します。

▶ saco＜sacar **438**「連れ出す」 calle **121**「通り」 por **342**「～の間に」 mañana **323**「午前」

| 1回目 | 年 月 日 ／7 | 2回目 | 年 月 日 ／7 | 3回目 | 年 月 日 ／7 | 達成率 26 % |

134	ソル **sol**	名男 太陽 ▪ponerse el sol「日が沈む」 ▪salir el sol「日がのぼる」
135	ルナ **luna**	名女 月《天体》 ▪luna llena「満月」
136	エストレジャ **estrella**	名女 星 ▪cielo estrellado「星空」
137	ヌベ **nube**	名女 雲
138	シエロ **cielo**	名男 空 ▪cielo azul「青空」
139	マル **mar**	名男 海 ▪mar Mediterráneo「地中海」 ▪mar Cantábrico「カンタブリア海」
140	プラジャ **playa**	名女 浜辺, 海 ▪costa 名女「海岸」

20

エル ソル サレ ポル エル エステ

El [sol] sale por el este.

太陽は東からのぼります。

▶ sale＜salir **419**「出る」 por **342**「～を通って」 este「東」

アイ ルナ

Hay [luna].

月が出ています。

▶ hay＜haber「～がある」

エル シエロ エスタ ジェノ デ エストレジャス

El cielo está lleno de [estrellas].

空は星でいっぱいです。

▶ cielo **138**「空」 estar lleno de「～でいっぱいだ」

アイ ヌベス

Hay [nubes].

曇っています。

メ エンカンタ エル シエロ デ マドリ

Me encanta el [cielo] de Madrid.

私はマドリードの空が大好きです。

▶ encantar「大好きだ」

ビビモス エン ウン ピソ セルカ デル マル

Vivimos en un piso cerca del [mar].

私たちは海の近くのマンションに住んでいます。

▶ vivimos＜vivir **264**「暮らす」 en **358**「～（の中）に」 piso **281**「マンション」 cerca de **361**「～の近くに」

ア ロス エスパニョレス レス グスタ イルア ラ プラジャ エン ベラノ

A los españoles les gusta ir a la [playa] en verano.

スペイン人は夏に海に行くのが好きです。

▶ españoles＜español「スペイン人」 les「彼らに」 gusta＜gustar **257**「気に入る」 ir **414**「行く」 a「～に」 verano「夏」

| 1回目 | 年 月 日 ／7 | 2回目 | 年 月 日 ／7 | 3回目 | 年 月 日 ／7 | 達成率 27 % |

51

141 □
□
□

ボスケ

bo**sque**

名|男 森

---

142 □
□
□

モンテ

mo**nte**

名|男 山

- montaña 名|女 「山, 山岳」
- los montes Pirineos「ピレネー山脈」

---

143 □
□
□

リオ

rí**o**

名|男 川

- un río de gente「人波」

---

144 □
□
□

フロル

flo**r**

名|女 花

- cultivar flores「花を育てる」
- clavel 名|男 「カーネーション」
- en flor「花盛りの」

---

145 □
□
□

イエルバ

hie**rba**

名|女 草

---

146 □
□
□

アルボル

ár**bol**

名|男 木

- plantar un árbol「木を植える」
- árbol frutal「果樹」

---

147 □
□
□

ピエドラ

pie**dra**

名|女 岩, 石, 石材

- piedra preciosa「貴石」

21

コモ　アセ　ブエン　ティエンポ　バモス　ア　パセアル　ポル　エル　ボスケ

Como hace buen tiempo, vamos a pasear por el ⌈bosque⌉.

天気が良いので，森を散歩しましょう。

▶ como「〜なので」 hace buen tiempo「天気がよい」
vamos＜ir a「〜しましょう」 pasear **418**「散歩する」

エル　モンテ　フジ　エス　エル　マス　アルト　デ　ハポン

El ⌈monte⌉ Fuji es el más alto de Japón.

富士山は日本で一番高い。

▶ es＜ser **020**「〜である」 alto **150**「高い」
《定冠詞》＋más **482** ＋《形容詞》＋de「〜で一番…《形容詞》」

エル　ニロ　エス　エル　リオ　マス　ラルゴ　デ　アフリカ

El Nilo es el ⌈río⌉ más largo de África.

ナイル川はアフリカで最も長い河川です。

▶ largo **155**「長い」

ロス　セレソス　デル　パルケ　ウエノ　エスタン　エン　フロル

Los cerezos del Parque Ueno están en ⌈flor⌉.

上野公園の桜は満開です。

▶ cerezo「桜」 parque **079**「公園」 están＜estar **021**「〜（な状態）だ」

ラス　バカス　コメン　イエルバ　イ　ノス　ダン　レチェ

Las vacas comen ⌈hierba⌉ y nos dan leche.

牝牛は草を食べ，私たちに牛乳をくれます。

▶ vaca「牝牛」 comen＜comer **215**「食べる」 y **369**「〜と，そして」
nos「私たちに」 dan＜dar **471**「与える」 leche **239**「牛乳」

バモス　ア　デコラル　エル　アルボル　デ　ナビダ

¡Vamos a decorar el ⌈árbol⌉ de Navidad!

クリスマスツリーを飾りましょう！

▶ vamos＜ir a ＋《不定詞》**414**「〜しましょう」 decorar「飾る」
Navidad「クリスマス」

エスタ　イグレシア　エス　デ　ピエドラ

Esta iglesia es de ⌈piedra⌉.

この教会は石造りだ。

▶ esta＜este「この」 iglesia **088**「教会」 es＜ser **020**「〜だ」

| 1回目 | 年 月 日 ／7 | 2回目 | 年 月 日 ／7 | 3回目 | 年 月 日 ／7 | 達成率 **29 %** |

53

148 □
□
□
グランデ

grande

[形] 大きい,
[+名詞] 偉大な, 立派な

■ 単数名詞の前では gran となる。

149 □
□
□
ペケニョ／ペケニャ

**pequeño／
pequeña**

[形] 小さい, 幼い

150 □
□
□
アルト／アルタ

alto／alta

[形] 《高さが》 高い

[副] 高く, 大声で

■ edificio [名男] alto 「高層ビル」

151 □
□
□
バホ／バハ

bajo／baja

[形] 《高さが》 低い

[副] 低く, 小声で

152 □
□
□
ゴルド／ゴルダ

gordo／gorda

[形] 太った, 分厚い

153 □
□
□
リヘロ／リヘラ

ligero／ligera

[形] 軽い

154 □
□
□
デルガド／デルガダ

**delgado／
delgada**

[形] やせた

22

ミス　パドレス　メ　バン　ア　レガラル　ウナ　ムニェカ　グランデ

Mis padres me van a regalar una muñeca grande.

パパとママは私に大きな人形をプレゼントしてくれます。

▶ padres **001**「両親」 van＜**ir a** ＋《不定詞》**414**「〜するつもりだ」
regalar「プレゼントする」 muñeca＜muñeco「人形」 para **493**「〜のため」

ミ　カサ　エス　マス　ペケニャ　ケ　ラ　トゥジャ

Mi casa es más pequeña que la tuya.

私の家は君の家より小さいです。

▶ mi「私の」 casa **267**「家」 es＜**ser 020**「〜だ」
más **482** ＋《形容詞》＋que A「A より〜だ《優等比較》」 tuya＜tuyo「君の」

マリオ　エス　アルト

Mario es alto.

マリオは背が高い。

ネセシト　ウナ　メサ　バハ　パラ　エル　サロン

Necesito una mesa baja para el salón.

居間用に背の低いテーブルが必要です。

▶ necesito＜necesitar「必要としている」 mesa **278**「テーブル」 salón「居間」

ミ　ガト　エス　ウン　ポコ　ゴルド

Mi gato es un poco gordo.

私の猫は少し太っています。

▶ gato **132**「猫」 poco **480**「少し」

プレパラモス　ウナ　セナ　リヘラ　イ　サナ

Preparamos una cena ligera y sana.

私たちは軽くて健康的な夕食を準備します。

▶ preparamos＜preparar「準備する」 cena **214**「夕食」
sana＜sano「健康的な」 y **369**「〜と，そして」

マルタ　エス　ウナ　チカ　アルタ　イ　デルガダ

Marta es una chica alta y delgada.

マルタは背が高くて痩せている女の子です。

▶ chica＜chico **010**「子ども，青年」

155 ☐ ☐ ☐	ラルゴ／ラルガ **largo／larga**	形 長い
156 ☐ ☐ ☐	コルト／コルタ **corto／corta**	形 短い
157 ☐ ☐ ☐	アンプリオ／アンプリア **amplio／amplia**	形 広い, ゆったりした
158 ☐ ☐ ☐	アンチョ／アンチャ **ancho／ancha**	形 (幅が) 広い
159 ☐ ☐ ☐	エストレチョ／エストレチャ **estrecho／estrecha**	形 狭い, きつい
160 ☐ ☐ ☐	プロント／プロンタ **pronto／pronta**	形 素早い
161 ☐ ☐ ☐	レント／レンタ **lento／lenta**	形 遅い

23

ロラ　ティエネ　エル　ペロ　　ラルゴ
Lola tiene el pelo largo.

ロラは長い髪をしています。

▶ tiene＜tener **435**「持つ」 pelo「髪」

エスタ　ファルダ　エス　　デマシアド　　コルタ　　パラ　ミ
Esta falda es demasiado corta para mí.

このスカートは私には短すぎます。

▶ esta＜este「この」 falda **300**「スカート」 es＜ser **020**「～だ」
demasiado「過度に」 para **493**「～に対して」 mí「私の」

ミ　カサ　ティエネ　ウン　サロン　　アンプリオ　イ　　ルミノソ
Mi casa tiene un salón amplio y luminoso.

私の家には広く明るい居間があります。

▶ mi「私の」 casa **267**「家」 salón「居間」 luminoso「(日光で)明るい」

エル　アブリゴ　テ　エスタ　　アンチョ
El abrigo te está ancho.

そのオーバーは君にはぶかぶかです。

▶ abrigo「オーバー」 te「君に」 está＜estar **021**「～(な状態)だ」

ラ　ファルダ　メ　エスタ　　エストレチャ
La falda me está estrecha.

そのスカートは私にはきつい。

▶ falda **300**「スカート」 me「私に」

グラシアス　ポル　ス　　プロンタ　　レスプエスタ
Gracias por su pronta respuesta.

早速のご返答ありがとうございます。

▶ gracias por「～に感謝する」 su「あなた(方)の」 respuesta「返事」

ミ　　オルデナドル　エス　ムイ　レント
Mi ordenador es muy lento.

私のパソコンはとても遅い。

▶ mi「私の」 ordenador **397**「パソコン」 muy **483**「とても」

1回目	年 月 日 / 7	2回目	年 月 日 / 7	3回目	年 月 日 / 7	達成率 32 %

162
フエルテ
fuerte
形 強い

163
グアポ／グアパ
guapo／guapa
形 美しい, きれいな

164
フェオ／フェア
feo／fea
形 醜い

165
ボニト／ボニタ
bonito／bonita
形 かわいい, 素敵な

166
アマブレ
amable
形 優しい, 親切な

167
エレガンテ
elegante
形 品のある, 優雅な

168
スシオ／スシア
sucio／sucia
形 汚い, 不潔な

24

エス ウン オンブレ フエルテ イ バリエンテ

Es un hombre fuerte y valiente.

（彼は）強くて勇敢な男性です。

▶ es＜ser 020「～だ」 hombre 013「男性」 valiente「勇敢な」
y 369「～と，そして」

ス ノビオ エス グアポ イ アルト

Su novio es guapo y alto.

彼女の恋人はハンサムで背が高い。

▶ su「彼女の」 novio「恋人」 alto 150「（背が）高い」

ラ ヌエバ コンパニェラ ノ エス グアパ ニ フェア

La nueva compañera no es guapa ni fea.

新しい同僚は美しくも醜くもありません。

▶ nueva＜nuevo 190「新しい」 compañera＜compañero「同僚」
ni「（～も）…もない《yの否定》」

ケ ディア マス ボニト オイ

¡Qué día más bonito hoy!

今日はなんて素敵な日なのでしょう！

▶ ¡Qué A《名詞》más/tan＋《形容詞》!「Aはなんて～なんだ《感嘆文》」
hoy 316「今日」

ウステ シエンプレ エス ムイ アマブレ コンミゴ

Usted siempre es muy amable conmigo.

あなたはいつも私に親切にしてくださいます。

▶ siempre 371「いつも」 conmigo 484「私と一緒に」

ラ マドレ デ ホセ エス ムイ エレガンテ

La madre de José es muy elegante.

ホセのお母さんはとても品があります。

▶ madre 002「母」 muy 483「とても」

ラ カミセタ エスタ スシア

La camiseta está sucia.

Tシャツが汚れています。

▶ camiseta 297「Tシャツ」 está＜estar 021「～（な状態）だ」

1回目	年 月 日 ／7	2回目	年 月 日 ／7	3回目	年 月 日 ／7	達成率 33 %

文法復習②　人称代名詞

主格人称代名詞 (〜が)

		単数	複数
1人称	私	ジョ **yo**	ノストロス　ノストラス **nosotros / nosotras**
2人称	君	トゥ **tú**	ボソトロス　ボソトラス **vosotros / vosotras**
3人称	彼	エル **él**	エジョス **ellos**
	彼女	エジャ **ella**	エジャス **ellas**
	あなた	ウステ **usted**	ウステデス **ustedes**

* 2人称 tú は**親しい相手**に対して用いる親称で，おもに友人や家族，恋人などに対して使い，usted は**敬語を使うような相手**（初対面の人や，目上の人など）に対して使います。

* usted には Ud. ／ Vd.，ustedes には Uds. ／ Vds. の**省略形**があります。（読む時はどちらも usted ／ ustedes）

* vosotros ／ vosotras は中南米では用いられず，代わりに ustedes を用います。

* nosotras ／ vosotras ／ ellas は女性形なので，全員が女性の場合に用いられます。男女が混合している場合は**男性形**を使います。

目的格人称代名詞

● 直接目的格人称代名詞 （〜を）

	単数	複数
1人称	me	nos
2人称	te	os
3人称	lo / la	los / las

* lo は「彼を，あなた（男性）を，それ（男性名詞）を，そのこと（中性）を」，la は，「彼女を，あなた（女性）を，それ（女性名詞）を」を指します。

● 間接目的格人称代名詞（〜に）

	単数	複数
1人称	me	nos
2人称	te	os
3人称	le	les

＊ le は「彼に／彼女に／それに」を指します。

＊ le／les は，lo／la／los／las の前で se になります。

＊ 目的格人称代名詞は**活用した動詞の直前**に置かれます。また，不定詞の後ろに接続することもあります。

＊ 直接目的格人称代名詞と間接目的格人称代名詞を併用する場合は，「**間接（〜に）**」＋「**直接（〜を）**」の順序で並べます。

¿Tú compras los libros?   それらの本を買うの？
—Sí, (yo) los compro.   はい，（それらを）買います。

¿Nos das tu teléfono?   私たちに君の電話番号を教えてくれますか。
—No, no os lo doy.   いいえ，(君たちに)（それを）教えません。

¿Vas a visitar a Luis mañana?   君は明日，ルイスを訪ねるつもりですか。
—Sí, voy a visitarlo. ／ Sí, lo voy a visitar.

       はい，彼を訪ねる予定です。

	単数	複数
1人称	me	nos
2人称	te	os
3人称	se	se

* 再帰代名詞は，主語と同じ対象を指し，「〜自身を，自身に」を表す人称代名詞です。再帰代名詞とともに使われる動詞を再帰動詞といいます。再帰代名詞は目的格人称代名詞と同じく，活用した動詞の前に置くか，不定詞の後ろに接続させます。

* 再帰動詞について，少し確認しておきましょう。たとえば，levantar は「〜を起こす」という他動詞ですが，再帰動詞 levantarse は「自分自身を起こす」，つまり「起きる」と解釈されます。

¿A qué hora te levantas **normalmente?**　君は普段，何時に起きますか。
—Me levanto **a las seis de la mañana.**　—6時に起きます。

● levantarse 「起きる」の活用

Yo	me	levanto.
Tú	te	levantas.
Él	se	levanta.
Nosotros	nos	levantamos.
Vosotros	os	levantáis.
Ellos	se	levantan.

前置詞格人称代名詞

	単数	複数
1人称	mí	nosotros / nosotras
2人称	ti	vosotros / vosotras
3人称	él / ella / usted	ellos / ellas / ustedes

* 前置詞格人称代名詞は**前置詞の後ろに置く**人称代名詞です。1人称単数と2人称単数の形に気をつけましょう。ほかは主格人称代名詞と同じ形です。

Esta carta es para	mí. ti. ella. nosotros.	この手紙は	私 君 彼女 私たち	宛てのものです。

* 前置詞 con のあとに mí と ti がくると，conmigo ／ contigo という形になるので注意しましょう。

¿Vienes conmigo?	私と一緒に来ますか。
—Sí, voy contigo.	—はい，君と一緒に行きます。

169 アレグレ

alegre

形 [ser+] 陽気な, [estar+] 楽しい

170 クラロ/クララ

claro/clara

形 明るい　間 もちろん

171 シンパティコ/シンパティカ

simpático/ simpática

形 感じのよい

172 アンティパティコ/アンティパティカ

antipático/ antipática

形 感じの悪い

173 リコ/リカ

rico/rica

形 裕福な, 豊かな, 美味しい

174 ポブレ

pobre

形 貧しい, かわいそうな

175 ドゥロ/ドゥラ

duro/dura

形 固い；《状況や性格が》厳しい

64

25

ミス　イホス　ソン　アレグレス

Mis hijos son alegres.

私の子どもたちは陽気（な性格）です。

▶ mis＜mi「私の」 hijos＜hijo 006「息子」 son＜ser 020「～だ」

キエロ　ウナ　カミサ　デ　コロル　アスル　クラロ

Quiero una camisa de color azul claro.

私は水色のシャツが欲しい。

▶ quiero＜querer 259「欲する」 camisa 297「シャツ」 color 052「色」
azul 052「青色（の）」

アナ　エス　ムイ　シンパティカ

Ana es muy simpática.

アナはとても感じのよい人です。

▶ es＜ser 020「～だ」 muy 483「とても」

ミ　ティア　エス　アンティパティカ

Mi tía es antipática.

私のおばは感じが悪い人です。

▶ mi「私の」 tía「おば」

エスタ　パエジャ　エスタ　ムイ　リカ

Esta paella está muy rica.

このパエジャはとても美味しい。

▶ esta＜este「この」 paella 221「パエリア」 está＜estar 021「～（な状態）だ」

アイ　ケ　アジュダル　ア　ロス　ニョス　ポブレス

Hay que ayudar a los niños pobres.

貧しい子どもたちを援助しなければなりません。

▶ hay que ＋《不定詞》「～しなければならない」
ayudar 470「助ける」 niños＜niño 009「子ども」

ラ　カルネ　デ　パト　エス　マス　ドゥラ　ケ　ラ　カルネ　デ　ポジョ

La carne de pato es más dura que la (carne) de pollo.

鴨肉は鶏肉より固い。

▶ más 482 ＋《形容詞》＋que A「A より～だ《優等比較》」 carne 223「肉」
pato「鴨」 pollo「鶏」

1回目	年 月 日 ／7	2回目	年 月 日 ／7	3回目	年 月 日 ／7	達成率 34 %

176 ☐
☐
☐
ファシル

fácil

形 簡単な, 容易な

177 ☐
☐
☐
ディフィシル

difícil

形 難しい

178 ☐
☐
☐
インポルタンテ

importante

形 重要な

179 ☐
☐
☐
セリオ／セリア

serio／seria

形 真面目な, 深刻な

180 ☐
☐
☐
インテレサンテ

interesante

形 面白い, 興味深い

181 ☐
☐
☐
エンファダド／エンファダダ

**enfadado／
enfadada**

形 怒っている

182 ☐
☐
☐
トリステ

triste

形 悲しい, 寂しい

26

エル コレアノ エス ファシル デ アプレンデル パラ ロス ハポネセス

¿El coreano es [fácil] (de aprender) para los japoneses?

韓国語は日本人にとって（習得が）簡単ですか。

▶ coreano「韓国語」 es＜ser 020「～だ」 para 493「～にとって」
aprender 030「習得する」

エル エスパニョル エスディフィシル デ アプレンデル パラ ロス ハポネセス

¿El español es [difícil] (de aprender) para los japoneses?

スペイン語は日本人にとって（習得が）難しいですか。

▶ japoneses＜japonés「日本人」

エス ムイ インポルタンテ テネル ブエナ サル

Es muy [importante] tener buena salud.

健康でいることはとても大切なことです。

▶ muy 483「とても」 tener 435「持つ」 buena＜bueno 200「よい」 salud 209「健康」

ミ パドレ エス セリオ

Mi padre es [serio].

私の父は真面目です。

▶ mi「私の」 padre 001「父」

メ パレセ インテレサンテ エスタ ペリクラ

Me parece [interesante] esta película.

私は，この映画は面白いと思います。

▶ me「私に」 parece＜parecer 453「～のようにみえる」 esta＜este「この」
película 070「映画」

エストイ エンファダド コンティゴ ポルケ ノ メ アセス カソ

Estoy [enfadado] contigo porque no me haces caso.

私の言うことを気にもしないので，君に対して怒っています。

▶ contigo「君に対して」 porque 503「なぜなら」
haces＜hacer 218 caso a＋《人》「～《人》(の意見など) を考慮する」

ノ メ グスタン ラス イストリアス トリステス

No me gustan las historias [tristes].

私は，悲しいお話は好きじゃありません。

▶ me「私に」 gustan＜gustar 257「気に入る」 historias＜historia 110「物語」

183 ☐ ☐ ☐	トランキロ／トランキラ **tranquilo ／ tranquila**	形 静かな
184 ☐ ☐ ☐	コモド／コモダ **cómodo ／ cómoda**	形 快適な
185 ☐ ☐ ☐	コンテント／コンテンタ **contento ／ contenta**	形 満足して（うれしい）
186 ☐ ☐ ☐	リブレ **libre**	形 自由な, 空いている ▪una habitación 名女 libre「空室」
187 ☐ ☐ ☐	オクパド／オクパダ **ocupado ／ ocupada**	形 忙しい, 使用中の
188 ☐ ☐ ☐	アブリド／アブリダ **aburrido ／ aburrida**	形 退屈な
189 ☐ ☐ ☐	ネセサリオ／ネセサリア **necesario ／ necesaria**	形 必要な ▪innecesario/a「不必要な」

27

ケレモス　　ビビル　エン　ウナ　ソナ　　トランキラ

Queremos vivir en una zona $\boxed{\text{tranquila}}$.

私たちは静かな地区に住みたい。

▶ queremos＜querer 259 ＋《不定詞》「～したい」 vivir 264「住む」 zona「地区」

エステ　ソファ　エス　ムイ　　コモド

Este sofá es muy $\boxed{\text{cómodo}}$.

このソファはとても座り心地がよい。

▶ este「この」 sofá 276「ソファ」 es＜ser 020「～だ」

エストイ　ムイ　　コンテンタ　コン　ミス　イホス

Estoy muy $\boxed{\text{contenta}}$ con mis hijos.

私は息子たちにとても満足しています。

▶ estoy＜estar 021「～（な状態）だ」 muy 483「とても」 hijos＜hijo 006「息子」

アケジャ　　メサ　エスタ　リブレ

Aquella mesa está $\boxed{\text{libre}}$.

あの席は空いています。

▶ aquella＜aquel「あの」 mesa 278「テーブル」 está＜estar 021「～（な状態）だ」

エスタ　ノチェ　エストイ　　オクパダ

Esta noche estoy $\boxed{\text{ocupada}}$.

私は，今夜は忙しい。

▶ esta＜este「この」 noche 324「夜」

エスタ　　ペリクラ　エス　　アブリダ

Esta película es $\boxed{\text{aburrida}}$.

この映画はつまらない。

▶ película 070「映画」

パラ　ビビル　エス　ネセサリオ　　コメル

Para vivir es $\boxed{\text{necesario}}$ comer.

生きるためには食べることが必要です。

▶ para 493「～のため」 vivir 264「生きる」 comer 215「食べる」

	年 月 日		年 月 日		年 月 日	達成率
1回目	／7	2回目	／7	3回目	／7	**37 %**

190 □□□
ヌ**エ**ボ／ヌ**エ**バ
nuevo／nueva
形 新しい

191 □□□
ビ**エ**ホ／ビ**エ**ハ
viejo／vieja
形 老いた, 古い

192 □□□
ホベン
joven
形 若い　名 男・女 若者

193 □□□
アンシ**ア**ノ／アンシ**ア**ナ
anciano／anciana
形 年老いた
名 男/女 年老いた人

194 □□□
マ**ジョ**ル
mayor
形 より大きい, 年上の, 年長の

195 □□□
メ**ノ**ル
menor
形 より小さい, 年下の

196 □□□
メノス
menos
形 より少ない
副 より少なく

ラ　プロクシマ　セマナ　ノス　ムダモス　ア　ウナ　カサ　ヌエバ

La próxima semana nos mudamos a una casa [nueva].

来週私たちは新築の家に引っ越します。

▶ próxima＜próximo「次の」 semana 318「週」
nos mudamos＜mudarse「引っ越す」 a 345「～へ」 casa 267「家」

ミ　カルテラ　ジャ　エスタ　ビエハ

Mi cartera ya está [vieja].

私の財布はもう古びてしまった。

▶ mi「私の」 cartera「財布」 ya 327「すでに」 está＜estar 021「～（な状態）だ」

ロス　ホベネス　ティエネン　ケ　レスペタル　ア　ロス　アンシアノス

Los [jóvenes] tienen que respetar a los [ancianos].

若者はお年寄りを尊敬しなければなりません。

▶ tienen＜tener 435 que＋《不定詞》「～しなければならない」 respetar「敬う」

ラ　レシデンシア　デ　アンシアノス　エスタ　アル　ラド　デル　パルケ

La residencia de [ancianos] está al lado del parque.

老人ホームは公園の横にあります。

▶ residensia「居住施設」 está＜estar 021「ある，いる」
al lado de「～の横に」 del＜de 341＋el の縮約　parque 079「公園」

ホルヘ　エス　トレス　アニョス　マジョル　ケ　ジョ

Jorge es 3[tres] años [mayor] que yo.

ホルヘは私より3歳年上です。

▶ es＜ser 020「～だ」 año 017「歳」《形容詞の比較級》＋que A「A よりも～」

テンゴ　ドス　エルマナス　メノレス

Tengo 2[dos] hermanas [menores].

私は二人の妹がいます。

▶ tengo＜tener 435「持つ」 hermanas＜hermana 005「姉妹」

オイ　アセ　メノス　カロル　ケ　アジェル

Hoy hace [menos] calor que ayer.

今日は昨日より暑くありません。

▶ hoy 316「今日」 hace＜hacer 314「《天候を表す》～だ」 calor 311「暑さ」
ayer「昨日」

197 □□□	メ**ホ**ル **mejor**	形 よりよい 副 より上手に
198 □□□	ペ**オ**ル **peor**	形 より悪い 副 より下手に
199 □□□	ビ**エ**ン **bien**	副 よく, 上手に 間 《同意を表し》よろしい
200 □□□	ブ**エ**ノ／ブ**エ**ナ **bueno／buena**	形 よい, おいしい
201 □□□	**ドゥ**ルセ **dulce**	形 甘い　名|男 お菓子
202 □□□	ファ**モ**ソ／ファ**モ**サ **famoso／famosa**	形 有名な
203 □□□	フェ**リ**ス **feliz**	形 幸福な

72

アナ　カンタ　メホル　ケ　ジョ
Ana canta [mejor] que yo.
アナは私より歌が上手です。
▶ canta＜cantar 063「歌う」《副詞の比較級》+que A「A よりも～」

カント　ペオル　ケ　アナ
Canto [peor] que Ana.
私はアナより歌が下手です。
▶ canto＜cantar 063「歌う」《副詞の比較級》+que A「A よりも～」

マヌエル　アブラ　ハポネス　ムイ　ビエン
Manuel habla japonés muy [bien].
マヌエルは日本語をとても上手に話します。
▶ habla＜hablar 449「話す」japonés「日本語」muy 483「とても」

テンゴ　ウナ　ブエナ　ノティシア
Tengo una [buena] noticia.
よい知らせがあるの。
▶ tengo＜tener 435「持つ」noticia「ニュース，知らせ」

エステ　パステル　エス　デマシアド　ドゥルセ
Este pastel es demasiado [dulce].
このケーキは甘すぎます。
▶ este「この」pastel「ケーキ」es＜ser 020「～だ」
demasiado「～しすぎる」

ブニョル　エス　ファモソ　ポル　ラ　トマティーナ
Buñol es [famoso] por la Tomatina.
ブニョルはトマティーナで有名です。
▶ Buñol「ブニョル《バレンシア県のムニシピオ（市町村）》」por 342「～によって」
la Tomatina「トマティーナ（トマト祭り）」

フェリス　ナビダ
¡[Feliz] Navidad!
メリークリスマス！
▶ navidad「クリスマス」

204 □□□
ドレル

doler
活用 p.178

自動 痛い《痛む個所が主語》

・dolor 名男 「痛み, 苦痛」

205 □□□
マル

mal

形 調子が悪い, 下手な

副 体調 [気分] が悪く, 下手に

206 □□□
カンサド／カンサダ

**cansado／
cansada**

形 疲れた

207 □□□
センティル

sentir
活用 p.182

他動 感じる

208 □□□
メディコ／メディカ

**médico／
médica**

名男/女 医師

209 □□□
サル

salud

名女 健康

210 □□□
フマル

fumar
活用 p.174

自動 たばこを吸う

・tabaco 名男 「たばこ」

メ ドゥエレ エル エストマゴ

Me |duele| el estómago.

私は胃が痛い。

▶ me「私に」 estómago「胃」

トコ ムイ マル ラ ギタラ

Toco muy |mal| la guitarra.

私はギターを弾くのがすごく下手です。

▶ toco＜tocar 434「演奏する」 muy 483「とても」 guitarra 065「ギター」

ミ マリド エスタ カンサド ポル エル トラバホ

Mi marido está |cansado| por el trabajo.

私の夫は仕事で疲れています。

▶ mi「私の」 marido 003「夫」 está＜estar 021「～（な状態）だ」 trabajo 040「仕事」

シエント ドロル イ カンサンシオ エン ラス ピエルナス

|Siento| dolor y cansancio en las piernas.

私は脚に痛みと疲れを感じます。

▶ dolor「痛み」 cansancio「疲れ」 y 369「～と, そして」 piernas＜pierna「脚」

ヌエストロ パドレ エス メディコ

Nuestro padre es |médico|.

私たちの父は医者です。

▶ nuestro「私たちの」 padre 001「父」 es＜ser 020「～だ」

アセル エヘルシシオ エス ブエノ パラ ラ サル

Hacer ejercicio es bueno para la |salud|.

運動することは健康によい。

▶ hacer 218「する」 ejercicio 036「運動」 bueno 200「よい」 para 493「～のため」

アキ ノ セ プエデ フマル

Aquí no se puede |fumar|.

ここは禁煙です（ここでたばこを吸うことはできません）。

▶ aquí「ここに」 se＋《動詞・3人称単数》「一般的に人は～する」 puede＜poder 119「～できる」

| 1回目 | 年 月 日 ／7 | 2回目 | 年 月 日 ／7 | 3回目 | 年 月 日 ／7 | 達成率 41 % |

211

アンブレ

hambre

名|女 空腹

- tener hambre「お腹が空いている」

212

デサジュナル

desayunar

活用 p.172

自動 朝食をとる

他動 朝食に〜を食べる

- desayuno 名|男「朝食」

213

アルモルサル

almorzar

活用 p.170

自動 昼食をとる

他動 昼食（午前中の軽食）に〜を食べる

- almuerzo 名|男「昼食，午前中の軽食」

214

セナル

cenar

活用 p.171

自動 夕食をとる

他動 夕食に〜を食べる

- cena 名|女「夕食」

215

コメル

comer

活用 p.178

他動 食べる，食事する，《スペイン》昼食 [《中南米》夕食] をとる

- comida 名|女「食事，《スペイン》昼食，《中南米》夕食」

216

ベベル

beber

活用 p.177

他動 〜を飲む

自動 飲酒する

217

セ

sed

名|女 （のどの）渇き

- tener sed「のどが渇いている」

テンゴ　　ムチャ　　　アンブレ

Tengo mucha hambre.

私はとてもお腹が空いています。

▶ tengo＜tener 435 ＋《状態を表す名詞》「～という状態にある」
mucha＜mucho「多くの」

デサジュノ　　ウン　カフェ　コン　レチェ　イ　ウナ　トスタダ

Desayuno un café con leche y una tostada.

私はカフェオレとトーストの朝食をとります。

▶ café con leche「カフェオレ」 y 369「～と, そして」 tostada「トースト」

エン　イングラテラ　　　アルムエルサン　ア　ラス　ドセ

En Inglaterra almuerzan a las doce.

イギリスでは 12 時に昼食をとります。

▶ ＊スペインでは comer を使うことが多い。
Inglaterra「イギリス」

エン　エスパーニャ　セナン　　タルデ　　ソブレ　ラス　ディエス　デ　ラ　ノチェ

En España cenan tarde, sobre las 10[diez] de la noche.

スペインでは夕食は遅く, 夜の 10 時頃とります。

▶ España「スペイン」 tarde 325「遅く」 sobre「～頃」 de 341 noche 324「夜」

エン　ハポン　　コメモス　　ペスカド　クルド　コン　サルサ　デ　ソハ

En Japón comemos pescado crudo con salsa de soja.

日本では醤油をつけて生の魚（刺身）を食べます。

▶ Japón「日本」 pescado 224「魚」 crudo「生の」 con 484「～と一緒に」
salsa de soja「醤油」

ノ　　ベボ　　アルコル

No bebo alcohol.

私はアルコールは飲みません。

▶ alcohol「アルコール飲料」

テネモス　　ムチャ　　セド

Tenemos mucha sed.

私たちはとても喉が渇いています。

▶ tenemos＜tener 435 ＋《状態を表す名詞》「～という状態にある」

218 アセル

hacer
活用 p.178

(他動) する, 作る

- hacer la compra「買い物する」
- hacer pasteles「ケーキを作る」

219 ペディル

pedir
活用 p.181

(他動) 頼む, 注文する

220 アロス

arroz

(名|男) 米

221 パエジャ

paella

(名|女) パエリア

222 パン

pan

(名|男) パン

223 カルネ

carne

(名|女) 肉

- carne de vaca「牛肉」
- carne de cerdo「豚肉」
- carne de pollo「鶏肉」

224 ペスカド

pescado

(名|男) 魚

- pescado azul「青魚」
- pescado blanco「白身魚」

32

ケ バス ア アセル エステ フィン デ セマナ
¿Qué vas a hacer este fin de semana?

今週末，君は何をする予定ですか。

▶ qué **504**「何」 vas＜ir a +《不定詞》**414**「～するつもりだ」 este「この」
fin de semana「週末」

ピド ウン カフェ ソロ
Pido un café solo.

私はブラックコーヒーを 1 杯注文します。

▶ café solo「ブラックコーヒー」

エン ハポン コメモス ムチョ アロス
En Japón, comemos mucho arroz.

日本では米をたくさん食べます。

▶ Japón「日本」 comemos＜comer **215**「食べる」 mucho「多くの」

クアル エス エル メホル アロス パラ ラ パエジャ
¿Cuál es el mejor arroz para la paella?

パエリアに最も適したお米はどれですか。

▶ cuál **499**「どれ」 es＜ser **020**「～だ」 mejor「よりよい」 para **493**「～のため」

キエレス マス パン
¿Quieres más pan?

もっとパンをいかがですか。

▶ quieres＜querer **259**「欲する」 más **482**「もっと」

エステ プラト ジェバ カルネ
¿Este plato lleva carne?

この料理には肉が入っていますか。

▶ este「この」 plato **248**「料理」 lleva＜llevar **308**「持つ」

メ グスタ エル ペスカド マス ケ ラ カルネ
Me gusta el pescado más que la carne.

私は肉より魚が好きです。

▶ me「私に」 gustan＜gustar **257**「気に入る」 más **482**「もっと」 carne **223**「肉」

1回目	年 月 日 ／7	2回目	年 月 日 ／7	3回目	年 月 日 ／7	達成率 44 %

79

225 □ □ □	ハモン **jamón**	名|男 ハム
226 □ □ □	ウエボ **huevo**	名|男 卵
227 □ □ □	ケソ **queso**	名|女 チーズ ▪queso en lonchas「スライスチーズ」
228 □ □ □	ベルドゥラ **verdura**	名|女 野菜
229 □ □ □	セボジャ **cebolla**	名|女 玉ねぎ
230 □ □ □	トマテ **tomate**	名|男 トマト ▪la Tomatina「トマト祭り」
231 □ □ □	サナオリア **zanahoria**	名|女 ニンジン

エル　ハモン　イベリコ　エス　ウン　プロドゥクト　ティピコ　デ　エスパニャ

El **jamón** ibérico es un producto típico de España.

イベリコ豚の生ハムはスペインの名産品です。

▶ ibérico「イベリア半島の，イベリコ種の」 es<ser 020「〜だ」
  producto「生産物」 típico「典型的な，名物の」

ラ　ガジナ　ポネ　ウエボス　トドス　ロス　ディアス

La gallina pone **huevos** todos los días.

雌鶏(めんどり)は毎日卵を産みます。

▶ gallina「雌鶏」 pone<poner huevos「卵を産む」

プレパロ　クロケタス　デ　ハモン　イ　ケソ　パラ　ラ　フィエスタ

Preparo croquetas de jamón y **queso** para la fiesta.

私はパーティ用にハムとチーズのコロッケを準備します。

▶ preparo<preparar「準備する」 croquetas<croqueta「コロッケ」
  jamón 225「ハム」 para 493「〜のため」 fiesta 249「パーティ」

コメル　ベルデゥラス　エス　ブエノ　パラ　ラ　サル

Comer **verduras** es bueno para la salud.

野菜を食べることは健康によい。

▶ comer 215「食べる」bueno 200「よい」para 493「〜のため」salud 209「健康」

ラ　トルティジャ　デ　パタタス　ジェバ　セボジャ

¿La tortilla de patatas lleva **cebolla**?

ジャガイモ入りオムレツには玉ねぎが入っていますか。

▶ tortilla 「オムレツ《西》，トルティーヤ《中米》」
  patatas<patata「じゃがいも」 lleva<llevar 308「持つ」

エル　ガスパチョ　エス　ウナ　ソパ　フリア　デ　トマテ

El gazpacho es una sopa fría de **tomate**.

ガスパチョはトマトの冷たいスープです。

▶ sopa「スープ」 fría<frío 312「冷たい」 de 341「〜の」

ア　ミス　コネホス　ノ　レス　グスタン　ラス　サナオリアス

A mis conejos no les gustan las **zanahorias**.

私のウサギはニンジンが好きではありません。

▶ conejos<conejo「ウサギ」 no「〜ない」 les「彼[彼女]らに」
  gusta<gustar 257「気に入る」

| 1回目 | 年 月 日 ／7 | 2回目 | 年 月 日 ／7 | 3回目 | 年 月 日 ／7 | 達成率 **46 %** |

81

232 アホ

ajo

名|男 にんにく

---

233 フルタ

fruta

名|女 フルーツ
- fruto 名|男 「植物の実」

---

234 フレサ

fresa

名|女 いちご

---

235 マンサナ

manzana

名|女 りんご
- tarta 名|女 de manzana「アップルパイ」

---

236 セルベサ

cerveza

名|女 ビール
- beber[tomar] cerveza「ビールを飲む」

---

237 ビノ

vino

名|男 ワイン
- vino blanco「白ワイン」
- vino rosado「ロゼワイン」
- vino tinto「赤ワイン」

---

238 カフェ

café

名|男 コーヒー
- té 名|男 「茶」

ベボ ウン バソ デ レチェ エン エル デサジュノ

Bebo un vaso de ⌐leche⌐ en el desayuno.

私は朝食にコップ一杯の牛乳を飲みます。

▶ bebo＜beber 216「飲む」 vaso「コップ」 en 358「〜で」 desayuno 212「朝食」

トマ ウン スモ デ ナランハ

Toma un ⌐zumo⌐ de naranja.

オレンジジュースを飲みなさい。

▶ toma＜tomar 437「飲む」＊ tú に対する命令。 naranja「オレンジ」

キエロ アグア

Quiero ⌐agua⌐.

私は水が欲しい。

▶ quiero＜querer 259「欲する」

ウン カフェ コン イエロ ポル ファボル

Un café con ⌐hielo⌐, por favor.

アイスコーヒーをお願いします。

▶ café 238「コーヒー」 con 484「〜入りの」 por favor「(どうぞ) お願いします」

ウナ コパ デ ビノ ティント ポル ファボル

Una ⌐copa⌐ de vino tinto, por favor.

赤ワインを1杯お願いします。

▶ vino tinto 237「赤ワイン」

デ ポストレ キエロ ウン エラド

De ⌐postre⌐, quiero un helado.

私はデザートにアイスクリームが欲しい。

▶ de 341「〜として」 quiero＜querer 259「欲する」 helado「アイスクリーム」

ア フアン レ グスタ エル チョコラテ コン レチェ

A Juan le gusta el ⌐chocolate⌐ con leche.

フアンはミルクチョコレートが好きです。

▶ a 345「〜に」 le「彼に」 gusta＜gustar 257「気に入る」 con 484「〜入りの」 leche 239「ミルク」

1回目	年 月 日 / 7	2回目	年 月 日 / 7	3回目	年 月 日 / 7	達成率 48 %

85

246 ☐ ☐ ☐	カマレロ／カマレラ **camarero/** **camarera**	名男/女 ウェイター, ウェイトレス

| 247 ☐ ☐ ☐ | クチャラ
cuchara | 名女 スプーン
▪cuchillo 名男「ナイフ」
▪tenedor 名男「フォーク」 |

| 248 ☐ ☐ ☐ | プラト
plato | 名男 皿, 料理
▪primer plato「前菜」
▪segundo plato「メインディッシュ」 |

| 249 ☐ ☐ ☐ | フィエスタ
fiesta | 名女 パーティ, 祭り |

| 250 ☐ ☐ ☐ | クンプレアニョス
cumpleaños | 名男 誕生日
▪単複同形。 |

| 251 ☐ ☐ ☐ | レガロ
regalo | 名男 プレゼント
▪regalo de cumpleaños「誕生日プレゼント」 |

| 252 ☐ ☐ ☐ | ロサ
rosa | 名女 バラ |

36

ミ　　エルマナ　　ペケニャ　　トラバハ　デ　　カマレラ　　エン　パリス
Mi hermana pequeña trabaja de `camarera` en París.
私の妹はパリでウェイトレスとして働いています。

▶ mi「私の」pequeña＜pequeño「小さい」
trabaja＜trabajar **039** de＋《職業名》「〜として働く」

ポンゴ　　ウナ　　　クチャラ　デ　アスカル　エン エル カフェ
Pongo una `cuchara` de azúcar en el café.
私はコーヒーにスプーン1杯の砂糖を入れます。

▶ pongo＜poner **440**「入れる」azúcar「砂糖」café **238**「コーヒー」

ロス　　プラトス　　　メヒカノス　　ソン　　デリシオソス
Los `platos` mexicanos son deliciosos.
メキシコ料理は美味しい。

▶ mexicanos＜mexicano「メキシコの」son＜ser **020**「〜だ」
deliciosos＜delicioso「美味しい」

マニャナ　　　セレブラモス　ラ　フィエスタ　デ　　ビエンベニダ
Mañana celebramos la `fiesta` de bienvenida.
明日，私たちは歓迎パーティを開きます。

▶ mañana **323**「明日」celebramos＜celebrar「祝う」bienvenida「歓迎」

ケ　フェチャ エス ス　　クンプレアニョス
¿Qué fecha es su `cumpleaños`?
あなたの誕生日はいつですか。

▶ qué **504**「何」fecha「日付」es＜ser **020**「〜だ」su「あなたの」

テ　トライゴ ウン　レガロ
Te traigo un `regalo`.
私は君にプレゼントを持ってきました。

▶ te「君に」traigo＜traer **436**「持ってくる」

アイ　　ムチャス　　ロサス　エン エル ハルディン
Hay muchas `rosas` en el jardín.
庭にたくさんのバラがあります。

▶ hay＜haber「〜がある」muchas＜mucho「多くの」en **358**「〜（の中）に」
jardín **285**「庭」

文法復習③　直説法現在規則動詞／不規則動詞

規則動詞

　スペイン語の動詞は，不定詞の語尾（-ar ／ -er ／ -ir）により，3種類に分類されます。主語の人称・数に合わせて語尾が変化します。

	tomar	beber	vivir
yo	tomo	bebo	vivo
tú	tomas	bebes	vives
él/ella/Ud.	toma	bebe	vive
nosotros/nosotras	tomamos	bebemos	vivimos
vosotros/vosotras	tomáis	bebéis	vivís
ellos/ellas/Uds.	toman	beben	viven

不規則動詞

　不規則動詞には主に以下のものがあります。

1 ▶ 語幹母音変化動詞　　2 ▶ 1人称単数が不規則な動詞
3 ▶ 1 と 2 の不規則性を併せ持つ動詞　　4 ▶ その他

　特に語幹母音変化動詞は数が多いので，しっかり確認しておく必要があります。

1 ▶ 語幹母音変化動詞

　アクセントのある語幹母音が① e>ie ② o>ue ③ e>i に変化します。語尾は規則活用と同じです。

	empezar	volver	pedir
yo	empiezo	vuelvo	pido
tú	empiezas	vuelves	pides
él/ella/Ud.	empieza	vuelve	pide
nosotros/nosotras	empezamos	volvemos	pedimos
vosotros/vosotras	empezáis	volvéis	pedís
ellos/ellas/Uds.	empiezan	vuelven	piden

2 ▶ 1人称単数が不規則な動詞

1人称単数が① -go ／② -zco ／③その他で終わる動詞です。

	① hacer	② conocer	③ dar
yo	hago	conozco	doy
tú	haces	conoces	das
él/ella/Ud.	hace	conoce	da
nosotros/nosotras	hacemos	conocemos	damos
vosotros/vosotras	hacéis	conocéis	dais
ellos/ellas/Uds.	hacen	conocen	dan

③ その他：ver（veo/ves/…）, saber（sé/sabes/…）

3 ▶ 1 と 2 の不規則性を併せ持つ動詞

	tener	venir	decir
yo	tengo	vengo	digo
tú	tienes	vienes	dices
él/ella/Ud.	tiene	viene	dice
nosotros/nosotras	tenemos	venimos	decimos
vosotros/vosotras	tenéis	venís	decís
ellos/ellas/Uds.	tienen	vienen	dicen

4 ▶ その他

使用頻度の高い動詞をいくつか挙げておきます。

ir	voy / vas / va / vamos / vais / van
ser	soy / eres / es / somos / sois / son
estar	estoy / estás / está / estamos / estáis / están

253
カサルセ

casarse
活用 p.183

[再帰動] 〔+con ~〕〜と結婚する

・casar [他動]「結婚させる」

254
カサド／カサダ

**casado／
casada**

[形] 結婚した，既婚の

[名|男/女] 既婚者

255
ソルテロ／ソルテラ

**soltero／
soltera**

[形] 独身の

[名|男/女] 独身者

256
ノビオ／ノビア

**novio／
novia**

[名|男/女] 恋人，新郎・新婦

257
グスタル

gustar
活用 p.174

[自動]《主語（対象）が人に》気に入る

・常に間接目的格人称代名詞とともに用いる。
（a+《人》）+《間接目的格人称代名詞》+gustar+《主語》

258
プレフェリル

preferir
活用 p.181

[他動] 〜のほうを好む

・preferir A a B「B より A を好む」

259
ケレル

querer
活用 p.179

[他動] 欲する，愛する

・querer +《不定詞》「〜したい」

37

メ　カソ　コン　ミ　メホル　アミゴ

Me [caso] con mi mejor amigo.

私は一番の親友と結婚します。

▶mi「私の」 mejor amigo **014**「親友」

エストイ　カサド　コン　ウナ　エスパニョラ

Estoy [casado] con una española.

僕はスペイン女性と結婚しています。

▶estoy＜estar **021**「～（な状態）だ」 con **484**「～と一緒に」
españiola＜español「スペイン人」

ソフィア　エス　マドレ　ソルテラ

Sofía es madre [soltera].

ソフィアはシングルマザーです。

▶es＜ser **020**「～だ」 madre **002**「母」

ビバン　ロス　ノビオス

¡Vivan los [novios]!

新郎新婦ばんざい！

▶vivan＜vivir **264**「生きる」（¡Viva!「ばんざい！」）

メ　グスタ　ムチョ　エル　カフェ

Me [gusta] mucho el café.

私はコーヒーが大好きです。

▶me「私に」 mucho「大いに，たいへん」 café **238**「コーヒー」

プレフィエロ　エル　ビノ　ア　ラ　セルベサ

[Prefiero] el vino a la cerveza.

私はビールよりワインが好きです。

▶vino **237**「ワイン」 cerveza **236**「ビール」

キエロ　コンプラル　エステ　オルデナドル

[Quiero] comprar este ordenador.

私はこのパソコンを買いたい。

▶comprar **475**「買う」 este「この」 ordenador **397**「パソコン」

1回目	年 月 日 ／7	2回目	年 月 日 ／7	3回目	年 月 日 ／7	達成率 51 %

91

260 □
□
□
デセアル

desear
活用 p.172

(他動) 願う

▪desear＋《不定詞》「〜したい」

261 □
□
□
エスペラル

esperar
活用 p.173

(他動) (〜を)待つ, 期待する

▪espera 名|女 「待機」

262 □
□
□
ロコ／ロカ

loco／loca

(形) 気が変になった,
　　　夢中になった

263 □
□
□
ビダ

vida

名|女 生活, 人生

▪ganarse la vida「生計を立てる」

264 □
□
□
ビビル

vivir
活用 p.182

(自動) 生きる；住む, 暮らす

265 □
□
□
モリル

morir
活用 p.181

(自動) 死ぬ

▪morir de「〜《原因》で死ぬ」

266 □
□
□
アモル

amor

名|男 愛, 愛情

▪carta 名|女 de amor「ラブレター」

38

ケ　　デセア　　ウステ
¿Qué [desea] usted?

《お店などで》あなたは何をお望みですか。

▶ qué 504「何」

テ　　エスペラモス　　エン ラ　エントラダ　デル　シネ
Te [esperamos] en la entrada del cine.

私たちは君を映画館の入口で待っています。

▶ te「君を」 entrada 093「入口」 cine 083「映画館」

ロラ　エスタ　ロカ　ポル　ス　ノビオ
Lola está [loca] por su novio.

ロラは恋人に夢中です。

▶ está＜estar 021「～（な状態）だ」 por 342「～に」 su「彼女の」 novio「恋人」

アイ　ムチャス　　マネラス　デ　ガナルセ　ラ　ビダ
Hay muchas maneras de ganarse la [vida].

生計を立てるためにはたくさんの方法があります。

▶ hay＜haber「～がある」 muchas＜mucho「多くの」
　maneras＜manera 383「方法」

ドンデ　　ビベス
¿Dónde [vives]?

君はどこに住んでるの？

▶ dónde 497「どこ（に）」

ムチョス　ニーニョス　ムエレン　デ　アンブレ　エン エル　ムンド
Muchos niños [mueren] de hambre en el mundo.

世界で多くの子どもたちが飢えで亡くなっています。

▶ muchos＜mucho「多くの」 niños＜niño 009「子ども」 de 341「～で《原因》」
　hambre 211「空腹」 mundo 116「世界」

ロス　ノビオス　　ビベン　ウン　アモル　ア ディスタンシア
Los novios viven un [amor] a distancia.

恋人たちは遠距離恋愛をしています。

▶ novios＜novio「恋人」 viven＜vivir 264「生きる」
　a distancia「距離を置いた」

267 □ □ □ カサ
casa
名|女 家

268 □ □ □ アビタシオン
habitación
名|女 部屋

269 □ □ □ サラ
sala
名|女 居間, ホール

270 □ □ □ バニョ
baño
名|男 浴室, トイレ
▪ habitación 名|女 con baño completo
「バス・トイレ付きの部屋」

271 □ □ □ ドルミトリオ
dormitorio
名|男 寝室

272 □ □ □ エスカレラ
escalera
名|女 階段
▪ escalera mecánica「エスカレーター」

273 □ □ □ パシジョ
pasillo
名|男 廊下, 通路

39

エスタ　ウステ　エン　ス　カサ

Está usted en su casa.

どうぞお楽になさってください。

▶ está＜estar 021「〜（な状態）だ」 en 358「〜（の中）に」

ス　　アビタシオン　　エス　ラ　　ウノ ウノ ドス

Su habitación es la 112[uno uno dos].

あなたの部屋は112号室です。

▶ su「あなたの」 es＜ser 020「〜だ」

エン　ラ　サラ　デ　エスペラ　アイ　ムチョス　　ビシタンテス

En la sala de espera hay muchos visitantes.

待合室には沢山の客がいます。

▶ de 341「〜の」 espera 261「待機」 hay＜haber「〜がある」
muchos＜mucho「多くの」 visitantes＜visitante「訪問者」

ドンデ　　エスタ エル　バニョ

¿Dónde está el baño?

洗面所はどこにありますか。

▶ dónde 497「どこ（に）」 está＜estar 021「ある，いる」

ラ　カサ　ティエネ　トレス　　ドルミトリオス

La casa tiene 3[tres] dormitorios.

家には寝室が3つあります。

▶ casa 267「家」 tiene＜tener 435「持つ」

スボ　　ポル ラ　　エスカレラ

Subo por la escalera.

私は階段を上ります。

▶ subo＜subir 427「上る」 por 342「〜を通って」

ラ　　コシナ　　エスタ アル フィナル デル　　パシジョ

La cocina está al final del pasillo.

キッチンは廊下の突き当りにあります。

▶ cocina 274「台所」 final「端」

---

274 □□□
コシナ
cocina

名|女 台所

- cocina comedor「ダイニングキッチン」

275 □□□
ムエブレ
mueble

名|男 家具

276 □□□
ソファ
sofá

名|男 ソファ

277 □□□
カマ
cama

名|女 ベッド

- cama individual「シングルベッド」
- cama de matrimonio「ダブルベッド」

278 □□□
メサ
mesa

名|女 テーブル, 机；食卓

- poner la mesa「食卓の用意をする」

279 □□□
シジャ
silla

名|女 椅子

- silla de ruedas「車椅子」

280 □□□
テレビシオン/テレ
**televisión/
tele**

名|女 テレビ

- tele《略語》

40

ノルマルメンテ　エン　エスパニャ　アイ　ウナ　ラバドラ　エン　ラ　コシナ

Normalmente en España hay una lavadora en la ［cocina］.

普通スペインでは台所に洗濯機があります。

▶ normalmente「普通は」 en 358「～（の中）に」 España「スペイン」
hay＜haber「～がある」 lavadora「洗濯機」

ブスカモス　ウナ　カサ　コン　ムエブレス

Buscamos una casa con ［muebles］.

私たちは家具付きの家を探しています。

▶ buscamos＜buscar 424「探す」 casa 267「家」 con 484「～付きの」

ノス　センタモス　エン　エル　ソファ

Nos sentamos en el ［sofá］.

私たちはソファに座りましょう。

▶ nos sentamos＜sentarse「座る」

エストイ　アゴタダ　ボイ　ア　ラ　カマ

Estoy agotada. Voy a la ［cama］.

私はへとへとです。（もう）寝ますね。

▶ estoy＜estar 021「～（な状態）だ」 agotada＜agotado「疲れ果てた」
voy＜ir 414「行く」

ポンゴ　ラ　メサ

Pongo la ［mesa］.

私は食卓の準備をします。

▶ pongo＜poner 440「置く」

ミ　シジャ　エス　コモダ

Mi ［silla］ es cómoda.

私の椅子は座り心地がよい。

▶ mi「私の」 es＜ser 020「～だ」 cómoda＜cómodo「快適な」

ベモス　ラ　テレビシオン　エン　ラ　コミダ

Vemos la ［televisión］ en la comida.

食事の時，私たちはテレビを見ます。

▶ vemos＜ver 452「見る」 comida 215「食事」

1回目	年 月 日 ／7	2回目	年 月 日 ／7	3回目	年 月 日 ／7	達成率 55 %

281 □
□
□
ピソ

piso

名|男 階, マンション

- piso bajo「1 階」
- primer piso「2 階」

282 □
□
□
パレ

pared

名|女 壁

- reloj 名|男 de pared「壁掛け時計」

283 □
□
□
プエルタ

puerta

名|女 ドア, 入口

- empujar la puerta「ドアを押す」
- tirar la puerta「ドアを引く」

284 □
□
□
ベンタナ

ventana

名|女 窓

285 □
□
□
ハルディン

jardín

名|男 庭

- jardín japonés「日本庭園」

286 □
□
□
パティオ

patio

名|男 中庭

287 □
□
□
マデラ

madera

名|女 木材

41

ヌエストラ　カサ　ティエネ　ドス　ピソス
Nuestra casa tiene 2[dos] **pisos**.

私たちの家は2階建てです。

▶ nuestra＜nuestro「私たちの」 casa 267「家」 tiene＜tener 435「持つ」

アイ　ウン　クアドロ　グランデ　エン　ラ　パレ
Hay un cuadro grande en la pared.

壁には大きな絵画がかかっています。

▶ hay＜haber「～がある」 cuadro「絵画」 grande 148「大きい」
en 358「～（の中）に」

プエデス　セラル　ラ　プエルタ
¿Puedes cerrar la puerta?

ドアを閉めてくれますか。

▶ puedes＜poder 119「～できる」 cerrar 430「閉める」

アブレ　ラ　ベンタナ　ポル　ファボル
Abre la ventana, por favor.

窓を開けてください。

▶ abre＜abrir 428「開ける」＊tú に対する命令。por favor「（どうぞ）お願いします」

ミ　アブエロ　キエレ　アセル　ウン　ハルディン　ボニト　エン　ス　カサ
Mi abuelo quiere hacer un jardín bonito en su casa.

祖父は家に素敵な庭を作りたいと思っています。

▶ mi「私の」 abuelo 007「祖父」 quiere＜querer 259 ＋《不定詞》「～したい」
hacer 218「作る」 bonito 165「素敵な」 su「彼の」

ヌエストロ　ピソ　ティエネ　ウン　パティオ　グランデ
Nuestro piso tiene un patio grande.

私たちのマンションには広い中庭があります。

▶ piso 281「マンション」 tienen＜tener 435「持つ」 grande 148「大きい」

ラ　メサ　エス　デ　マデラ
La mesa es de madera.

テーブルは木製です。

▶ mesa 278「テーブル」 es＜ser 020「～だ」 de 341「～で《材料》」

1回目	年 月 日 ／7	2回目	年 月 日 ／7	3回目	年 月 日 ／7	達成率 57 %

288 □
□
□
ドルミル

dormir

活用 p.181

自動 眠る

▪寝付いてから目が覚めるまでを表す。

289 □
□
□
スエニョ

sueño

名|男 眠気, 夢

▪tener sueño「眠い」

290 □
□
□
アコスタル

acostar

活用 p.182

他動 寝かせる

291 □
□
□
アコスタルセ

acostarse

活用 p.182

再帰動 寝る

292 □
□
□
デスペルタル

despertar

活用 p.183

他動 目覚めさせる, 起こす

293 □
□
□
デスペルタルセ

despertarse

活用 p.183

再帰動 目を覚ます

294 □
□
□
レバンタルセ

levantarse

活用 p.183

再帰動 起きる

42

ウルティマメンテ ノ ドゥエルモ ビエン

Últimamente no [duermo] bien.

最近，私はよく眠れません。

▶ últimamente「最近」 bien 199「よく」

テンゴ ウン ポコ デ スエニョ

Tengo un poco de [sueño].

私は少し眠い。

▶ tengo＜tener 435「持つ」 un poco de「少しの〜」

エス ラ オラ デ アコスタル ア ロス ニニョス

Es la hora de [acostar] a los niños.

子どもを寝かせる時間です。

▶ es＜ser 020「〜だ」 hora 319「時間」 niños＜niño 009「子ども」

ヘネラルメンテ メ アクエスト ソブレ ラス オンセ

Generalmente [me acuesto] sobre las 11[once].

だいたい私は 11 時頃に寝ます。

▶ sobre「〜頃」

ママ メ デスピエルタス ア ラス シンコ マニャナ

Mamá, ¿me [despiertas] a las 5[cinco] mañana?

ママ，私を明日 5 時に起こしてくれる？

▶ me「私を」 mañana 323「明日」

ミス アブエロス セ デスピエルタン ムイ テンプラノ

Mis abuelos [se despiertan] muy temprano.

私の祖父母はとても早く目を覚まします。

▶ mis＜mi「私の」 abuelos 007「祖父母」 muy 483「とても」 temprano「早く」

ロス フィネス デ セマナ メ レバント ムイ タルデ

Los fines de semana [me levanto] muy tarde.

週末，私はとても遅く起きます。

▶ los fines de semana「（毎）週末」 tarde 325「遅く」

---

295 □ □ □
ロパ
ropa

名|女 服

• ropa interior「下着」

296 □ □ □
ベスティド
vestido

名|男 衣類, ドレス, ワンピース

297 □ □ □
カミサ
camisa

名|女 シャツ, ワイシャツ

• camiseta 名|女「T シャツ」

298 □ □ □
チャケタ
chaqueta

名|女 上着, ジャケット

299 □ □ □
パンタロン
pantalón

名|男 ズボン

• pantalón corto「半ズボン」
• pantalón largo「長ズボン」

300 □ □ □
ファルダ
falda

名|女 スカート

• falda corta「ミニスカート」
• falda largo「ロングスカート」

301 □ □ □
サパト
zapato

名|男 靴

• ponerse los zapatos「靴を履く」
• quitarse los zapatos「靴を脱ぐ」

43

エン エル メルカディジョ　セ ベンデ ラ ロパ　ウサダ

En el mercadillo se vende la ropa usada.

フリマでは古着が売られています。

▶ en 358「～（の中）で」 mercadillo「フリーマッケット」
se vende＜venderse「売られる」 usada＜usado「中古の」

エジャ キエレ ウン ベスティド デ フィエスタ

Ella quiere un vestido de fiesta.

彼女はパーティドレスを欲しがっています。

▶ quiere＜querer 259「欲する」 de 341「～の」 fiesta 249「パーティ」

ラ カミサ エスタ マンチャダ

La camisa está manchada.

シャツが汚れています。

▶ está＜estar 021「～（な状態）だ」 manchada＜manchado「汚れている」

リカルド セ キタ ラ チャケタ

Ricardo se quita la chaqueta.

リカルドは上着を脱ぎます。

▶ se quita＜quitarse「脱ぐ」

エジャ ジェバ パンタロネス コルトス

Ella lleva pantalones cortos.

彼女は短いズボンをはいています。

▶ lleva＜llevar 308「身に着けている」 cortos＜corto 156「短い」

ミ イハ セ ポネ ラ ファルダ ロハ

Mi hija se pone la falda roja.

私の娘は赤いスカートをはきます。

▶ mi「私の」 hija 006「娘」 se pone＜ponerse「身に着ける」
roja＜rojo 052「赤色の」

ミス サパトス エスタン ビエホス

Mis zapatos están viejos.

私の靴は古くなりました。

▶ mis＜mi「私の」 están＜estar 021「～（な状態）だ」 viejos＜viejo 191「古い」

302	ボルソ **bolso**	名男 ハンドバッグ, カバン ▪bolsa 名女「袋」
303	マレタ **maleta**	名女 スーツケース
304	ガファス **gafas**	名女複 眼鏡 ▪gafas de sol「サングラス」
305	パラグアス **paraguas**	名男 [単複同形] 傘 ▪paraguas plegable「折り畳み傘」
306	ペリオディコ **periódico**	名男 新聞 ▪papel 名男 de periódico「新聞紙」
307	レロ(ホ) **reloj**	名男 時計 ▪reloj de pulsera「腕時計」
308	ジェバル **llevar** 活用 p.175	他動 持っていく, 身に着けている, 持つ

104

44

ミ ボルソ エス デ ピエル
Mi bolso es de piel.
私のハンドバッグは革製です。
▶ mi「私の」 es＜ser 020「〜だ」 de 341「〜で〈材料〉」 piel「皮」

プレパロ ラ マレタ パラ エル ビアヘ
Preparo la maleta para el viaje.
私は，旅行のためにスーツケースを準備します。
▶ preparo＜preparar「用意する」 para 493「〜のために」 viaje 072「旅行」

メ ポンゴ ラス ガファス デ ソル
Me pongo las gafas de sol.
私はサングラスをかけます。
▶ me pongo＜ponerse「身に着ける」

テンゴ エル パラグアス エン ラ モチラ
Tengo el paraguas en la mochila.
私はリュックの中に傘を入れています。
▶ tengo＜tener 435「持つ」 en 358「〜（の中）に」 mochila「リュック」

ケ ペリオディコ レエス
¿Qué periódico lees?
君はどの新聞を読んでいますか。
▶ qué 504「どの〜」 lees＜leer 457「読む」

エステ レロ(ホ) クエスタ ムチョ
Este reloj cuesta mucho.
この時計は高価です。
▶ este「この」 cuesta＜costar 404「費用がかかる」 mucho「大いに，たいへん」

メ ジェバス ア ラ エスタシオン エン コチェ パパ
¿Me llevas a la estación en coche, papá?
お父さん，車で駅まで送ってくれる？
▶ me「私を」 a 345「〜へ」 estación 096「駅」 en 358「〜で」 coche 099「自動車」

309
ティエンポ

tiempo

名|男 天気；時間；時代

310
クリマ

clima

名|男 気候

311
カロル

calor

名|男 暑さ, 温かさ, 熱

312
フリオ

frío

名|男 寒さ

▪ frío/fría 形 「冷たい, 寒い」

313
カリエンテ

caliente

形 熱い, 温かい

▪ agua caliente「お湯」

314
アセル

hacer

活用 p.178

他動 〔3 人称単数で〕天候が〜である

する, 作る (218 参照)

315
ジョベル

llover

活用 p.179

自動 〔3 人称単数で〕雨が降る

45

オイ　アセ　ブエン　ティエンポ
Hoy hace buen tiempo.

今日はよい天気です。

▶ hoy 316「今日」 buen＜bueno 200「よい」 ＊男性単数名詞の前で o が脱落。

エル　クリマ　デ　アキ　エス　アグラダブレ
El clima de aquí es agradable.

ここの気候は穏やかです。

▶ de「～の」 aquí「ここ」 es＜ser 020「～だ」 agradable「穏やかな」

アセ　ムチョ　カロル　オイ
Hace mucho calor hoy.

今日はすごく暑い。

▶ mucho「多くの」

アセ　フリオ　オイ
Hace frío hoy.

今日は寒い。

ケマ　エスタ　ソパ　エスタ　デマシアド　カリエンテ
¡Quema! Esta sopa está demasiado caliente.

熱い(焼けそう)！　このスープは熱すぎるわ。

▶ quema＜quemar「燃やす, ひどく熱い」 está＜estar 021「～(な状態)だ」 sopa「スープ」 demasiado「過度に」

ケ　ティエンポ　アセ　オイ
¿Qué tiempo hace hoy?

今日はどんな天気ですか。

▶ qué ＋《名詞》504「どの, 何の」

マニャナ　バ　ア　ジョベル
Mañana va a llover.

明日は雨になるでしょう。

▶ mañana 323「明日」 va＜ir a ＋《不定詞》414「～するだろう」

---

316 ☐ ☐ ☐	オイ **hoy**	副 今日

317 ☐ ☐ ☐	ディア **día**	名|男 日 ・todo el día「一日中」 ・todos los días「毎日」

318 ☐ ☐ ☐	セマナ **semana**	名|女 週 ・la semana pasada「先週」 ・esta semana「今週」 ・la próxima semana「来週」

319 ☐ ☐ ☐	オラ **hora**	名|女 時刻, 時間 ・una hora「1 時間」 ・media hora「30 分間」

320 ☐ ☐ ☐	ミヌト **minuto**	名|男 分

321 ☐ ☐ ☐	メディア **media**	名|女 30 分, (〜時)半

322 ☐ ☐ ☐	モメント **momento**	名|男 瞬間

46

ア　クアントス　エスタモス　オイ

¿A cuántos estamos [hoy]?

今日は何日ですか。

▶ 日付を尋ねる決まり文句。

トドス　ロス　ディアス　アゴ　エヘルシシオス(ス)

Todos los [días] hago ejercicio(s).

私は毎日運動します。

▶ todos＜todo 336「すべての」 hago＜hacer 218「する」 ejercicio 036「運動」

アスタ　ラ　プロクシマ　　セマナ

Hasta la próxima [semana].

また来週！

▶ hasta「〜まで，また〜に」 próxima＜próximo「次の」

ケ　オラ　エス

¿Qué [hora] es?

何時ですか。

▶ qué ＋《名詞》504「何の」 es＜ser 020「〜だ」

ソン　ラス　シンコ　　オラス　イ　ベインテ　　ミヌトス

Son las 5[cinco] (horas) y 20[veinte] ([minutos]).

5時20分です。

▶ son＜ser 020「〜だ」 hora 319「時間」

エス　ラ　ウナ　イ　メディア

Es la 1[una] y [media].

1時半です。

ウン　　モメント　　ポル　ファボル

Un [momento], por favor.

少し待ってください。

▶ por favor「(どうぞ) お願いします」

---

323 □□□ マニャナ
mañana
[名|女] 朝, 午前　[副] 明日
- esta mañana「今朝」
- por la mañana「午前中」

324 □□□ ノチェ
noche
[名|女] 夜
- por la noche「夜に」
- media noche(＝medianoche)「真夜中」

325 □□□ タルデ
tarde
[名|女] 午後
- esta tarde「今日の午後」
- por la tarde「午後に」

326 □□□ デスカンサル
descansar
活用 p.172
[自動] 休む, 休憩する

327 □□□ ジャ
ya
[副] すでに；今すぐに；
〔否定を伴い〕もはや（〜ない）

328 □□□ プロント
pronto
[副] すぐに, まもなく

329 □□□ デスパシオ
despacio
[副] ゆっくり
- Despacio「徐行《標識》」

47

メ ドゥチョ ポル ラ マニャナ

Me ducho por la mañana.

私は，朝シャワーを浴びます。

▶ me ducho＜ducharse「シャワーを浴びる」 por 342「～の間に」

セナモス ア ラス シエテ デ ラ ノチェ

Cenamos a las siete de la noche.

私たちは夜7時に夕食をとります。

▶ cenamos＜cenar 214「夕食をとる」 a 345「～に」 de 341「～の」

ポル ラス タルデス トラバホ ポル オラス エン ウナ カフェテリア

Por las tardes, trabajo por horas en una cafetería.

私は午後，カフェでバイトをしています。

▶ trabajo＜trabajar 039「働く」 por horas「時給で」 cafetería「カフェ」

マニャナ デスカンソ

Mañana descanso.

明日，私は休みます。

▶ mañana 323「明日」

ジャ ロ セ

Ya lo sé.

もうわかってるよ。（私はすでにそのことを知っています。）

▶ lo「そのことを」 sé＜saber 459「知る」

エル ディレクトル ブエルベ プロント

El director vuelve pronto.

校長はまもなく戻ります。

▶ director「校長」 vuelve＜volver 439「戻る」

アブラ マス デスパシオ ポル ファボル

Habla más despacio, por favor.

もっとゆっくり話してください。

▶ habla＜hablar 449「話す」＊tú に対する命令。 más 482「もっと」

1回目	年 月 日 ／7	2回目	年 月 日 ／7	3回目	年 月 日 ／7	達成率 65 %

330 ☐ ☐ ☐	イグ**ア**ル **igual**	形 等しい, 平等な
331 ☐ ☐ ☐	**ミ**スモ **mismo / misma**	形 同じ ▪mismo / ma+《名詞》+que「〜と同じ」
332 ☐ ☐ ☐	ディフェ**レ**ンテ **diferente**	形 異なった ▪+de / a「〜と違った」 ▪複数 + 名詞「さまざまな〜」
333 ☐ ☐ ☐	**ソ**ロ / **ソ**ラ **solo / sola**	形 唯一の, 〔副詞的に〕〜だけで
334 ☐ ☐ ☐	**ソ**ロ **solo**	副 〜だけ, 単に
335 ☐ ☐ ☐	**ウ**ルティモ / **ウ**ルティマ **último / última**	形 最後の, 最近の
336 ☐ ☐ ☐	**ト**ド / **ト**ダ **todo / toda**	形 すべての ▪todos los / todas las+《名・複》「すべての〜」 ▪todos los lunes「毎週月曜日」

112

48

トドス　ロス　オンブレス　ソン　イグアレス

Todos los hombres son iguales .

すべての人間は平等である。

▶ todos los＋《名・複》336「すべての～」 hombres＜hombre 013「人間」
son＜ser 020「～だ」

ミ　パドレ　ティエネ　ラ　ミスマ　エダ　ケ　ミ　マドレ

Mi padre tiene la misma edad que mi madre.

両親は同い年です。

▶ mi「私の」 padre 001「父」 tiene＜tener 435「持つ」 edad「年齢」
madre 002「母」

カダ　ディア　エス　ディフェレンテ

Cada día es diferente .

今日は2度と来ない（毎日が違う日だ）。

▶ cada día「毎日」＊1日1日に焦点を当てている点で, todos los días「毎日」と異なる。
es＜ser 020「～だ」

ミ　イハ　ビベ　ソラ

Mi hija vive sola .

私の娘はひとり暮らしをしています。

▶ mi「私の」 hija 006「娘」 vive＜vivir 264「暮らす」

トラバホ　ソロ　ロス　ドミンゴス

Trabajo solo los domingos.

私は日曜日だけ働きます。

▶ trabajo＜trabajar 039「働く」 los domingos「毎週日曜日」

キエン　エス　ラ　ウルティマ　ペルソナ

¿Quién es la última (persona)?

どなたが（列の）最後の人ですか。

▶ quién「誰」 es＜ser 020「～だ」 persona 053「人」

トダス　ラス　ノチェス　メ　バニョ

Todas las noches me baño.

私は毎晩, お風呂に入ります。

▶ noches＜noche 324「夜」 me baño＜bañarse「入浴する」

| 1回目 | 年 月 日 ／7 | 2回目 | 年 月 日 ／7 | 3回目 | 年 月 日 ／7 | 達成率 67 % |

文法復習④　形容詞／所有形容詞

形容詞

　スペイン語の形容詞は修飾する名詞に合わせて語尾変化します。-o で終わる形容詞は名詞の性数，-o 以外で終わる形容詞は名詞の数に合わせて語尾が変化します。

男性名詞	単数	un	niño	alto	un	niño	inteligente
	複数	unos	niños	altos	unos	niños	inteligentes
女性名詞	単数	una	niña	alta	una	niña	inteligente
	複数	unas	niñas	altas	unas	niñoas	inteligentes

El profesor es alto.	先生は背が高い。
La profesora es alta.	（女性の）先生は背が高い。
Los estudiantes son altos.	学生たちは背が高い。
Las estudiantes son altas.	女子学生たちは背が高い。

所有形容詞

　所有形容詞も形容詞なので修飾する名詞に合わせて語尾変化します。

1 前置形
　前置形は，名詞の前に置きます。

			男性名詞		女性名詞	
			単数	複数	単数	複数
1人称		私の	mi bolso	mis bolsos	mi cartera	mis carteras
2人称		君の	tu bolso	tus bolsos	tu cartera	tus carteras
3人称	単数	彼の	su bolso	sus bolsos	su cartera	sus carteras
		彼女の	su bolso	sus bolsos	su cartera	sus carteras
		あなたの	su bolso	sus bolsos	su cartera	sus carteras

			男性名詞		女性名詞	
1人称	私たちの		nuestro **bolso**	nuestros **bolsos**	nuestra **cartera**	nuestras **carteras**
2人称	君たちの		vuestro **bolso**	vuestros **bolsos**	vuestra **cartera**	vuestras **carteras**
3人称	彼らの	複数	su **bolso**	sus **bolsos**	su **cartera**	sus **carteras**
	彼女たちの		su **bolso**	sus **bolsos**	su **cartera**	sus **carteras**
	あなた方の		su **bolso**	sus **bolsos**	su **cartera**	sus **carteras**

2 後置形

後置形は，名詞の後ろに置いたり，動詞 SER の補語になります。
また，定冠詞とセットになって所有代名詞をつくります。

			男性名詞		女性名詞	
			単数	複数	単数	複数
1人称	私の		**bolso** mío	**bolsos** míos	**cartera** mía	**carteras** mías
2人称	君の	単数	**bolso** tuyo	**bolsos** tuyos	**cartera** tuya	**carteras** tuyas
3人称	彼の		**bolso** suyo	**bolsos** suyos	**cartera** suya	**carteras** suyas
	彼女の		**bolso** suyo	**bolsos** suyos	**cartera** suya	**carteras** suyas
	あなたの		**bolso** suyo	**bolsos** suyos	**cartera** suya	**carteras** suyas
1人称	私たちの		**bolso** nuestro	**bolsos** nuestros	**cartera** nuestra	**carteras** nuestras
2人称	君たちの	複数	**bolso** vuestro	**bolsos** vuestros	**cartera** vuestra	**carteras** vuestras
3人称	彼らの		**bolso** suyo	**bolsos** suyos	**cartera** suya	**carteras** suyas
	彼女たちの		**bolso** suyo	**bolsos** suyos	**cartera** suya	**carteras** suyas
	あなた方の		**bolso** suyo	**bolsos** suyos	**cartera** suya	carteras suyas

¿De quién es este bolso?　　　このバッグは誰のですか。

—**Es** mío.　　　　　　　　　　—私のです。

¿De quién son estas carteras?　これらの財布は誰のですか。

—**Son** nuestras.　　　　　　　　—私たちのです。

Tu casa es más grande que la mía.　君の家は私の（家）よりも広い。

337 □ □ □ カダ

cada

形 [+《名詞》] それぞれの，
[+《数詞》] ～ごとに

- 性数不変のため単数のみ。

338 □ □ □ コサ

cosa

名|女 もの，こと

339 □ □ □ オトロ／オトラ

otro/otra

形 代名 ほかの，もうひとつの
（もの），もうひとりの（人）

- Otra vez por favor.「もう一度お願いします。」

340 □ □ □ シギエンテ

siguiente

形 次の

341 □ □ □ デ

de

前 ～の，～から，～として，～で

- de+el ⇒ del

342 □ □ □ ポル

por

前 ～の辺りで，～を通って，～の間に，～によって

343 □ □ □ デスデ

desde

前 ～から

- de との違い：de は起点，desde は起点とその後の経過を含む。

49

カダ　ディア　ビエネ　ヘンテ　ヌエバ　ア　ス　コンスルタ

Cada día viene gente nueva a su consulta.

毎日新しい人が彼の診察室を訪れます。

▶ día **317**「日」 viene＜venir **415**「来る」 gente **054**「人々」
nueva＜nuevo **190**「新しい」 su「彼の」 consulta「診療所」

テンゴ　ムチャス　コサス　ケ　アセル

Tengo muchas cosas que hacer.

私にはやらなければならないことがたくさんあります。

▶ tengo＜tener **435**「持つ」 muchas＜mucho「多くの」
que＋《不定詞》「〜すべき」 hacer **218**「する」

ノ　メ　グスタ　エスタ　ファルダ　プエデス　エンセニャルメ　オトラ

No me gusta esta falda. ¿Puedes enseñarme otra?

私はこのスカートが気に入らないので，ほかのを見せてくれますか。

▶ gusta＜gustar **257**「気に入る」 falda **300**「スカート」 puedes＜poder **119**
「〜できる」 enseñarme＜enseñar **032**「見せる」＋me「私に」

バハ　エン　ラ　パラダ　シギエンテ

Baja en la parada siguiente.

次の停留所で降りなさい。

▶ baja＜bajar **426**「降りる」＊tú に対する命令。 en **358**「〜で」 parada **094**「停留所」

ソモス　エスパニョレス　デ　マドリ

Somos españoles, de Madrid.

私たちはマドリード出身のスペイン人です。

▶ somos＜ser **020**「〜だ」 españoles＜español「スペイン人」

ソレモス　ダル　ウン　パセオ　ポル　エル　パルケ

Solemos dar un paseo por el parque.

私たちはいつも公園を散歩します。

▶ solemos＜soler「常に〜する」 dar un paseo「散歩する」 parque **079**「公園」

テンゴ　クラセ　デスデ　ラス　ヌエベ　アスタ　ラ　ウナ

Tengo clase desde las nueve hasta la una.

私は9時から1時まで授業があります。

▶ clase **025**「授業」 hasta **344**「〜まで」

	年 月 日		年 月 日		年 月 日	達成率
1回目	／7	2回目	／7	3回目	／7	**68 %**

117

344 ☐ ☐ ☐　アスタ
hasta
　前 《空間, 時間など》〜まで

345 ☐ ☐ ☐　ア
a
　前 〜へ, 〜に, 〜のために
- a+el ⇒ al

346 ☐ ☐ ☐　セギル
seguir
活用 p.181
　動 〜の後についていく,
　　　(道を)進む

347 ☐ ☐ ☐　アキ
aquí
　副 ここに, ここで
- ahí「そこに, そこで」
- allí「あそこに, あそこで」

348 ☐ ☐ ☐　フント
junto
　副 隣り合った

349 ☐ ☐ ☐　アオラ
ahora
　副 今

350 ☐ ☐ ☐　アンテス
antes
　副 以前に, 昔
- antes de +《名詞・不定詞》「(〜する)
　前に」

50

アスタ エル ルネス
[Hasta] el lunes.

また月曜日に（会いましょう）。

▶ lunes「月曜日」

エル トレン ジェガ ア ラ エスタシオン ア ラス オチョ
El tren llega [a] la estación [a] las 8[ocho].

列車は8時に駅に到着します。

▶ tren 098「電車」 llega＜llegar 420「着く」 estación 096「駅」

セギモス アル ギア
[Seguimos] al guía.

私たちはガイドについていきます。

▶ guía「ガイド」

メ エスペラス アキ
¿Me esperas [aquí]?

ここで私を待っていてくれる？

▶ me「私を」 esperas＜esperar 261「待つ」

ラ オフィシナ エスタ フント ア ラ カフェテリア
La oficina está [junto] a la cafetería.

オフィスは駅の隣りにあります。

▶ oficina「オフィス」 está＜estar 021「ある，いる」 cafetería 076「カフェ」

アオラ ノ テンゴ ティエンポ
[Ahora] no tengo tiempo.

私は今，時間がありません。

▶ tengo＜tener 435「持つ」 tiempo 309「時間」

テンゴ ケ ジェガル ア ラ オフィシナ アンテス デ ラス オチョ
Tengo que llegar a la oficina [antes] de las 8[ocho].

私は8時前に出勤しなければならない。

▶ tengo＜tener 435 que＋《不定詞》「～しなければならない」
llegar 420「到着する」 oficina 091「オフィス」

351 □□□
ディレクシオン
dirección

名|女 方向, 住所；指導
- dirección prohibida「進入禁止《標識》」

352 □□□
ソブレ
sobre

前 〜の上に, 〜に関して,
　　〜ぐらい

353 □□□
デバホ
debajo

副 下に
- debajo de「〜の下に」

354 □□□
イスキエルダ
izquierda

名|女 左
- a la izquierda de「〜の左側に」

355 □□□
デレチャ
derecha

名|女 右
- a la derecha de「〜の右側に」

356 □□□
セントロ
centro

名|男 中心
- centro comercial「ショッピングセンター」

357 □□□
エスキナ
esquina

名|女 角

51

メ　ダス　トゥ　ディレクシオン

¿Me das tu [dirección]?

私に君の住所を教えてくれる？

▶ das＜dar 471「与える」 tu「君の」

ロス　ポリティコス　ディスクテン　ソブレ　エル　プロブレマ　　エコノミコ

Los políticos discuten [sobre] el problema económico.

政治家は経済的問題について議論します。

▶ políticos＜político「政治家」 discuten＜discutir「議論する」
problema 035「問題」 económico「経済の」

エル　ガト　エスタ　デバホ　　デ　ラ　メサ

El gato está [debajo] de la mesa.

ネコはテーブルの下にいます。

▶ gato 132「ネコ」 está＜estar 021「ある，いる」 mesa 278「テーブル」

アイ　ウン　バル　ア　ラ　　イスキエルダ　　　デ　ラ　　サパテリア

Hay un bar a la [izquierda] de la zapatería.

靴屋の左にバルがあります。

▶ hay＜haber「～がある」 bar 077「バル」 zapatería「靴屋」

エル　テアトロ　エスタ　ア　ラ　　デレチャ　　デル　シネ

El teatro está a la [derecha] del cine.

劇場は映画館の右にあります。

▶ teatro 082「劇場」 cine 083「映画館」

エン　エル　セントロ　　アイ　　レスタウランテス　デ　トド　ティポ

En el [centro] hay restaurantes de todo tipo.

町の中心街にはあらゆる種類のレストランがあります。

▶ hay＜haber「～がある」 restaurantes＜restaurante「レストラン」
de todo tipo「あらゆる種類の」

ティエネス　ケ　　ドブラル　ラ　シギエンテ　　エスキナ

Tienes que doblar la siguiente [esquina].

君は次の角を曲がらないといけないよ。

▶ tienes＜tener 435 que＋《不定詞》「～しなければならない」
doblar「曲がる」 siguiente 340「次の」

| 1回目 | 年 月 日 ／7 | 2回目 | 年 月 日 ／7 | 3回目 | 年 月 日 ／7 | 達成率 71 % |

121

358 ☐ ☐ ☐	エン **en**	前 (〜の)中に, 〜で ①《位置・場所》 ②《時間》 ③《方法》 ④《状態》 ⑤《原因》
359 ☐ ☐ ☐	コラソン **corazón**	名|男 心臓, 心, 中心
360 ☐ ☐ ☐	フエラ **fuera**	副 外に ▪fuera de「〜の外に」
361 ☐ ☐ ☐	セルカ **cerca**	副 近くに ▪cerca de「〜の近くに」
362 ☐ ☐ ☐	レホス **lejos**	副 遠くに ▪lejos de「〜から遠くに」
363 ☐ ☐ ☐	デランテ **delante**	副 前に ▪delante de「〜の前に」
364 ☐ ☐ ☐	ルエゴ **luego**	副 後で

122

52

エスタ ノチェ メ ケド エン カサ ポルケ エストイ カンサド

Esta noche me quedo en casa porque estoy cansado.

今晩，私は疲れてるから家にいます。

▶ esta＜este「この」 me quedo＜quedarse「留まる」 casa **267**「家」
porque **503**「なぜならば」 estoy＜estar **021**「～（な状態）だ」 cansado「疲れた」

エル メ アブレ ス コラソン

Él me abre su corazón.

彼は私に心を開いています。

▶ me「私に」 abre＜abrir **428**「開く」 su「彼の」

ボイ ア コメル フエラ オイ

Voy a comer fuera hoy.

今日は外でお昼を食べます。

▶ voy＜ir a ＋《不定詞》**414**「～するつもりだ」 comer **215**「昼食をとる」
hoy **316**「今日」

ミ カサ エスタ セルカ デ ラ プラサ マジョル

Mi casa está cerca (de la Plaza Mayor).

私の家は（マヨール広場の）近くにあります。

▶ mi「私の」 casa **267**「家」 está＜estar **021**「ある，いる」 plaza **080**「広場」

ミ ノビオ ビベ レホス デ ミ カサ

Mi novio vive lejos (de mi casa).

私の彼氏は（私の家から）遠くに住んでいます。

▶ mi「私の」 novio「恋人」 vive＜vivir **264**「住む」

ボイ デランテ デ ティ

Voy delante (de ti).

私が（君より）先に行きます。

▶ voy＜ir **414**「行く」 ti「君」

アスタ ルエゴ

¡Hasta luego!

またあとで。

▶ hasta **344**「～まで」

1回目	年 月 日 ／7	2回目	年 月 日 ／7	3回目	年 月 日 ／7	達成率 **72 %**

123

365 □□□
アデランテ
adel<u>a</u>nte

副 前へ

- echar adelante[atras] el respaldo
「シートを起こす [倒す]」

366 □□□
デスプエス
despu<u>é</u>s

副 後で, その後

- después de「～の後で」

367 □□□
ペロ
p<u>e</u>ro

接 しかし

368 □□□
オ
o

接 または

369 □□□
イ
y

接 ～と, そして

370 □□□
ヘネラルメンテ
gener<u>a</u>lm<u>e</u>nte

副 一般的に

371 □□□
シエンプレ
si<u>e</u>mpre

副 いつも

124

53

ティエネス ケ エチャル アデランテ エル レスパルド

Tienes que echar adelante el respaldo.

君はいすの背もたれを起こさなければなりません。

▶ tienes＜tener 435 que＋《不定詞》「～しなければならない」
respaldo「(いすの)背もたれ」

サルゴ デル トラバホ ア ラス シンコ イ デスプエス ボイ アル ヒムナシオ

Salgo del trabajo a las 5[cinco] y después voy al gimnasio.

私は5時に退社し，その後ジムに行きます。

▶ salgo＜salir 419「去る」trabajo 040「職場」voy＜ir 414「行く」gimnasio「ジム」

エル エス シンパティコ ペロ ウン ポコ バゴ

Él es simpático, pero un poco vago.

彼は感じはよいけれど少し怠惰です。

▶ es＜ser 020「～だ」simpático「感じのよい」un poco 480「少し」
vago「怠惰な」

オイ オ マニャナ エル ビエネ ア ベルノス

Hoy o mañana él viene a vernos.

今日か明日，彼は私たちを訪ねてくるでしょう。

▶ hoy 316「今日」mañana 323「明日」viene＜venir 415「来る」
a 345「～のために」vernos＜ver 452「会う」＋nos「私たちを」

ミ ノビア エス アマブレ イ ムイ アレグレ

Mi novia es amable y muy alegre.

僕の彼女は優しくてとても陽気です。

▶ mi「私の」novia＜novio「恋人」amable 166「優しい」muy 483「とても」
alegre 169「陽気な」

ヘネラルメンテ ノ デサジュノ

Generalmente no desayuno.

普通，私は朝ごはんを食べません。

▶ desayuno＜desayunar 212「朝食をとる」

ミ エルマナ シエンプレ プレパラ ラ セナ

Mi hermana siempre prepara la cena.

いつも私の姉が夕食を準備します。

▶ mi「私の」hermana 005「姉妹」prepara＜preparar「準備する」
cena 214「夕食」

---

372 ☐☐☐ ナダ
nada
否定代 何も〜ない 副 まったく

373 ☐☐☐ ナディエ
nadie
否定代 誰も〜ない

374 ☐☐☐ ニングノ／ニングナ
ninguno／ninguna
否定形 [＋名詞] どんな〜もない（男性単数名詞の前で ningún）
否定代 誰（何）も〜ない

375 ☐☐☐ ヌンカ
nunca
副 決して〜ない

376 ☐☐☐ シン
sin
前 〜なしで

377 ☐☐☐ タンポコ
tampoco
副 〜もまた…でない

378 ☐☐☐ トダビア
todavía
副 まだ〜ない

54

ノ　キエロ　コメル　ナダ

No quiero comer nada.

私は何も食べたくありません。

▶ quiero＜querer **259** ＋《不定詞》「〜したい」 comer **215**「食べる」

ノ　アイ　ナディエ　エン　ラ　オフィシナ

No hay nadie en la oficina.

事務所には誰もいません。

▶ hay＜haber「〜がいる」 en **358**「〜（の中）に」 oficina「事務所」

ニングノ　デ　エジョス　ビエネ　ア　ラ　コンフェレンシア

Ninguno de ellos viene a la conferencia.

彼らの中の誰一人として講演会には来ません。

▶ de **341**「〜の中の」 ellos「彼ら」 viene＜venir **415**「来る」 a **345**「〜へ」
conferencia「講演会」

ヌンカ　フモ　ノ　フモ　ヌンカ

Nunca fumo. (= No fumo nunca.)

私は決してたばこを決して吸いません。

▶ fumo＜fumar **210**「たばこを吸う」

エル　アグア　シン　ガス　ポル　ファボル

El agua sin gas, por favor.

ガスなしの水をお願いします。

▶ agua **241**「水」＊アクセントのある a で始まる女性単数名詞には男性定冠詞を置くので注意。
por favor「（どうぞ）お願いします」

シ　ノ　バス　ア　ラ　フィエスタ　ジョ　タンポコ

Si no vas a la fiesta, yo tampoco.

もし君がパーティに行かないのなら，私も行きません。

▶ si「もし〜ならば」 vas＜ir **414**「行く」 fiesta **249**「パーティ」

トダビア　ノ　エ　デサジュナド

Todavía no he desayunado.

私はまだ朝食を済ませていません。

▶ desayunado＜desayunar **212**「朝食をとる」
he＜haber＋《過去分詞》＝ 現在完了

| 1回目 | 年 月 日 ／7 | 2回目 | 年 月 日 ／7 | 3回目 | 年 月 日 ／7 | 達成率 **75 %** |

379 □ □ □
イデア

idea

名|女 考え

380 □ □ □
エヘンプロ

ejemplo

名|男 例

- por ejemplo「たとえば」

381 □ □ □
グルポ

grupo

名|男 グループ

382 □ □ □
パルテ

parte

名|女 部分, 場所

383 □ □ □
マネラ

manera

名|女 方法

- de todas maneras「いずれにしても」

384 □ □ □
レラシオン

relación

名|女 関係

385 □ □ □
シトゥアシオン

situación

名|女 状況, 情勢

55

エス　ウナ　ブエナ　イデア
Es una buena idea.

それはよい考えですね。

▶ es＜ser 020「～だ」 buena＜bueno 200「よい」

メ　グスタン　ロス　アニマレス　ポル　エヘンプロ　ロス　ペロス
Me gustan los animales, por ejemplo, los perros.

私は動物が好きです。たとえば犬とか。

▶ me「私に」 gustan＜gustar 257「気に入る」 animales＜animal 131「動物」
perros＜perro 133「犬」

ミゲル　エス　エル　マス　インテリヘンテ　デル　グルポ
Miguel es el más inteligente del grupo.

ミゲルはグループの中で最も賢い。

▶《定冠詞》＋más 482 ＋《形容詞》＋de 341 ～「～の中で最も…だ」
inteligente「賢い」

デ　ケ　パルテ　デ　ハポン　エス　エジャ
¿De qué parte de Japón es ella?

彼女は日本のどこの出身ですか。

▶ de 341「～の」 qué 504 ＋《名詞》「どの～」 Japón「日本」

デ　トダス　マネラス　ボイ　ア　サリル　マニャナ
De todas maneras voy a salir mañana.

いずれにしても，私は明日出掛けるつもりです。

▶ voy＜ir a ＋《不定詞》414「～するつもりだ」 salir 419「出かける」
mañana 323「明日」

エミリオ　ティエネ　ブエナ　レラシオン　コンミゴ
Emilio tiene buena relación conmigo.

エミリオは私と良好な関係を持っています。

▶ tiene＜tener 435「持つ」 buena＜bueno「よい」 conmigo 484「私と」

ラ　シトゥアシオン　ポリティカ　エスタ　ペオル
La situación política está peor.

政情は悪化しています。

▶ política＜político「政治の」 está＜estar 021「～（な状態）だ」
peor 198「より悪い」

1回目	年 月 日 ／7	2回目	年 月 日 ／7	3回目	年 月 日 ／7	達成率 76 %

386 □□□ クエルポ
cuerpo
名|男 体

387 □□□ カベサ
cabeza
名|女 頭
- pelo 名|男 「髪の毛」

388 □□□ カラ
cara
名|女 顔
- lavarse la cara「顔を洗う」
- cara a cara「向き合って」

389 □□□ オホ
ojo
名|男 目

390 □□□ ボカ
boca
名|女 口

391 □□□ マノ
mano
名|女 手

392 □□□ ピエ
pie
名|男 足
- a pie「徒歩で」
- 「足全体」を指す場合は pierna 名|女。

ミ　　　エルマナ　　ティエネ　ブエン　　　クエルポ
Mi hermana tiene buen cuerpo.

私の姉はスタイルがよい。

▶ mi「私の」hermana 005「姉妹」tiene＜tener 435「持つ」
  buen＜bueno 200「よい」＊男性単数名詞の前で語尾の o が脱落する。

メ　ドゥエレ　　ムチョ　　ラ　　カベサ
Me duele mucho la cabeza.

私は頭がすごく痛い。

▶ me「私に」duele＜doler 204「痛い」mucho「大いに，たいへん」

トニ　イ　アナ　セ　アブラン　　　カラ　ア　　カラ
Toni y Ana se hablan cara a cara.

トニとアナは面と向かって話し合います。

▶ y 369「～と，そして」se hablan＜hablarse「話し合う」

ミ　マドレ　　ティエネ　ロス　　オホス　　アスレス
Mi madre tiene los ojos azules.

私の母は青い目をしています。

▶ mi「私の」madre 002「母」azules＜azul 052「青い」

エル　ベベ　　ドゥエルメ　　　ボカ　　アリバ　　　　ボカリバ
El bebé duerme boca arriba [bocarriba].

赤ん坊は仰向けで寝ています。

▶ bebé「赤ん坊」duerme＜dormir 288「眠る」
  《無冠詞名詞》＋arriba「～を上に」

メ　ラボ　ラス　　マノス　　アンテス　デ　コメル
Me lavo las manos antes de comer.

私は食事の前に手を洗います。

▶ me lavo＜lavarse「（自分の体を）洗う」antes de 350「～の前に」
  comer 215「食べる」

ベンゴ　ア　ラ　　ウニベルシダ　　ア　ピエ
Vengo a la universidad a pie.

私は大学に徒歩で来ています。

▶ vengo＜venir 415「来る」a「～に」universidad 023「大学」

1回目	年 月 日 ／7	2回目	年 月 日 ／7	3回目	年 月 日 ／7	達成率 78 %

393 ☐ ☐ ☐	コレオ **correo**	名|男 郵便 • correos/ Correos [無冠詞・単数扱い]「郵便局」 • correo electrónico「E メール」
394 ☐ ☐ ☐	カルタ **carta**	名|女 手紙 • escribir una carta「手紙を書く」
395 ☐ ☐ ☐	パケテ **paquete**	名|男 小包
396 ☐ ☐ ☐	インテルネッ(ト) **internet**	名|男/女 インターネット • conectar a Internet「ネットに接続する」 • navegar por internet「ネットサーフィンをする」
397 ☐ ☐ ☐	オルデナドル **ordenador**	名|男 パソコン • ordenador portátil「ノートパソコン」 • tableta 名|女「タブレット《PC》」
398 ☐ ☐ ☐	(テレフォノ) モビル **(teléfono) móvil**	名|男 携帯電話 • smartphone「スマートフォン」
399 ☐ ☐ ☐	イメイル／コレオ エレクトロニコ **e-mail／ correo electrónico**	名|男 メール

132

57

メ　エンビア　ウステ　ラ　ファクトゥラ　ポル　コレオ

¿Me envía usted la factura por [correo]?

請求書を郵便で私に送ってもらえますか。

▶ me「私に」envía＜enviar **472**「送る」factura「請求書」por **342**「〜によって」

ロス　ニニョス　エスクリベン　ウナ　カルタ　ア　ロス　レジェス　マゴス

Los niños escriben una [carta] a los Reyes Magos.

子どもたちは東方の三博士に手紙を書きます。

▶ niños＜niño **009**「子ども」escriben＜escribir **458**「書く」
los Reyes Magos「東方の三博士」

マンド　ウン　パケテ　ポル　アビオン

Mando un [paquete] por avión.

私は航空便で小包を送ります。

▶ mando＜mandar「送る」avión **102**「飛行機」

ナベゴ　ポル　インテルネッ(ト)　ア　メヌド

Navego por [internet] a menudo.

私はよくネットサーフィンをします。

▶ a menudo「しょっちゅう」

ス　オルデナドル　エス　カロ

Su [ordenador] es caro.

彼のパソコンは高価です。

▶ su「彼の」es＜ser **020**「〜だ」caro **412**「高価な」

クアル　エス　トゥ　モビル

¿Cuál es tu [móvil]?

君の携帯はどれですか。

▶ cuál **499**「どれ」tu「君の」

テ　ドイ　ミ　ディレクシオン　デ　イメイル　コレオ　エレクトロニコ

Te doy mi dirección de [e-mail] [[correo electrónico]].

私は君にメールアドレスを教えるよ。

▶ te「君に」doy＜dar **471**「与える」mi「私の」dirección **351**「住所」de **341**「〜の」

| 1回目 | 年 月 日 ／7 | 2回目 | 年 月 日 ／7 | 3回目 | 年 月 日 ／7 | 達成率 **79 %** |

133

400 ☐ ☐ ☐	ジャ**マ**ル **llamar** 活用 p.175	(他動) 呼ぶ ▪ llamar (por teléfono)「電話をかける」
401 ☐ ☐ ☐	テ**レ**フォノ **teléfono**	(名|男) 電話, 電話番号 ▪ ponerse al teléfono「電話に出る」
402 ☐ ☐ ☐	**ヌ**メロ **número**	(名|男) 数字
403 ☐ ☐ ☐	**ル**ス **luz**	(名|女) 光, 電気
404 ☐ ☐ ☐	コス**タ**ル **costar** 活用 p.182	(自動) 費用が～である
405 ☐ ☐ ☐	メル**カ**ド **mercado**	(名|男) 市場(いちば・しじょう) ▪ ir al mercado「市場に(買い物に)行く」
406 ☐ ☐ ☐	ティ**エ**ンダ **tienda**	(名|女) 店 ▪ librería (名|女)「書店」 ▪ panadería (名|女)「パン屋」 ▪ pastelería (名|女)「ケーキ屋」

134

58

エスタ ノチェ ティエネス ケ ジャマルメ

Esta noche tienes que llamarme.

今夜，私に電話してください。

▶ esta＜este「この」 noche **324**「夜」
tienes＜tener **435** que＋《不定詞》「〜しなければならない」

クアル エス トゥ ヌメロ デ テレフォノ

¿Cuál es tu número de teléfono?

君の電話番号は何番ですか。

▶ cuál **499**「どれ」 es＜ser **020**「〜だ」 tu「君の」

アプレンデモス ヌメロス グランデス エン クラセ

Aprendemos números grandes en clase.

授業で大きい数字を学びます。

▶ aprendemos＜aprender **030**「学ぶ」 grandes＜grande **148**「大きい」
en **358**「〜で」 clase **025**「授業」

プエデス エンセンデル ラ ルス

¿Puedes encender la luz?

電気をつけてくれますか。

▶ puedes＜poder **119**「〜できる」 encender「つける」

クアント クエスタ エスタ カミセタ

¿Cuánto cuesta esta camiseta?

この T シャツはいくらですか。

▶ cuánto **501**「いくら」 esta＜este「この」 camiseta **297**「T シャツ」

バイス アル メルカド エスタ タルデ

¿Vais al mercado esta tarde?

今日の午後，君たちは市場に（買い物に）行きますか。

▶ vais＜ir **414** ＋al（a **345** ＋el）「〜に行く」 tarde **325**「午後」

アイ ムチャス ティエンダス エン ラ プラサ

Hay muchas tiendas en la plaza.

広場には多くの店があります。

▶ hay＜haber「〜がある」 muchas＜mucho「多くの」 en **358**「〜（の中）に」
plaza **080**「広場」

407 □
□
□
ディネロ

dinero

名|男 お金

- dinero electrónico「電子マネー」

408 □
□
□
ジェン

yen

名|男 円《日本の通貨》

- euro 名|男「ユーロ」

409 □
□
□
ドラル

dólar

名|男 ドル

410 □
□
□
タルヘタ

tarjeta

名|女 カード

- tarjeta de crédito「クレジットカード」

411 □
□
□
カハ

caja

名|女 箱, レジ

- pasar por caja, pagar en caja
「レジで支払う」

412 □
□
□
カロ／カラ

caro／cara

形 高価な

413 □
□
□
バラト／バラタ

barato／barata

形 安い

- barato 副「安く」

59

ノ　テンゴ　　ディネロ　　ニ　ティエンポ

No tengo dinero ni tiempo.

私にはお金も時間もありません。

▶ tengo＜tener **435**「持つ」ni《y の否定》「(～も) …もない」tiempo **309**「時間」

ウン　エウロ　バレ　オイ　シエント シンクエンタ　ジェネス

1[un] euro vale hoy 150[ciento cincuenta] yenes.

今日は 1 ユーロ 150 円です。

▶ vale＜valer「～に相当する」hoy **316**「今日」

キエロ　パガル　エン　ドラレス

Quiero pagar en dólares.

私はドルで支払いたい。

▶ quiero＜querer **259** ＋《不定詞》「～したい」pagar **474**「払う」en **358**「～で」

プエド　パガル　コン　タルヘタ　デ　クレディト

¿Puedo pagar con tarjeta de crédito?

(私は) クレジットカードで支払えますか。

▶ puedo＜poder **119**「～できる」

パセ　ポル　カハ　ポル　ファボル

Pase por caja, por favor.

レジでお支払いください。

▶ pase＜pasar **423**「通る」＊usted に対する命令。
por favor「(どうぞ) お願いします」

ビビル　エン　トキオ　エス　ムイ　カロ

Vivir en Tokio es muy caro.

東京で暮らすのはとてもお金がかかります。

▶ vivir **264**「暮らす」es＜ser **020**「～だ」muy **483**「とても」

エステ　オルデナドル　エス　マス　バラト　ケ　アケル

Este ordenador es más barato que aquel.

このパソコンはあれよりも安いです。

▶ este「この」ordenador **397**「パソコン」
más **482** ＋《形容詞》＋ que A「A よりも《形容詞》」aquel「あれ」

414 □
□
□
イル

ir
活用 p.174

自動 行く

- ir en coche「車で行く」
- ir a+《不定詞》「～するつもりだ, する だろう」

415 □
□
□
ベニル

venir
活用 p.182

自動 来る

416 □
□
□
アンダル

andar
活用 p.170

自動 歩く

- ir andando「歩いて行く」

417 □
□
□
コレル

correr
活用 p.178

自動 走る

418 □
□
□
パセアル

pasear
活用 p.176

自動 散歩する

他動 (人やペットを)連れ歩く

419 □
□
□
サリル

salir
活用 p.181

自動 出かける, 出発する

- salir a la calle「外に出る」

420 □
□
□
ジェガル

llegar
活用 p.175

自動 到着する

- llegar a casa「帰宅する」

138

60

ア　ドンデ　バス
¿A dónde vas?

君はどこに行くの？

▶ a「～に」 dónde **497**「どこ」

コモ　ビエネス　ア　ラ　ウニベルシダ
¿Cómo vienes a la universidad?

君はどうやって大学に来るのですか。

▶ cómo「どのように」 a **345**「～へ」 universidad **023**「大学」

バモス　ア　アンダル　アスタ　ラ　エスタシオン
Vamos a andar hasta la estación.

駅まで歩きましょう。

▶ vamos＜ir a ＋《不定詞》**414**「～しましょう」 hasta **344**「～まで」
estación **096**「駅」

テネモス　ケ　コレル　パラ　コヘル　エル　トレン
Tenemos que correr para coger el tren.

私たちは電車に乗るために走らなければなりません。

▶ tenemos＜tener **435** que＋《不定詞》「～しなければならない」
para **493**「ために」 coger「乗る」 tren **098**「電車」

パセアモス　エン　コチェ　ポル　ラ　シウダ
Paseamos en coche por la ciudad.

私たちは街をドライブします。

▶ en **358**「～で」 coche **099**「車」 ciudad **129**「街」

エル　アウトブス　サレ　ア　ラス　ヌエベ
El autobús sale a las 9[nueve].

バスは9時に出発します。

▶ autobús **101**「バス」 a **345**「～に」

エル　トレン　ジェガ　ア　ラ　エスタシオン　ア　ラス　シエテ
El tren llega a la estación a las 7[siete].

電車は駅に7時に到着します。

1回目	年 月 日 ／7	2回目	年 月 日 ／7	3回目	年 月 日 ／7	達成率 83 %

文法復習⑤ 挨拶／国名・国名形容詞

挨拶

おはよう。	☐ **Buenos días.**
こんにちは。	☐ **Buenas tardes.**
こんばんは。	☐ **Buenas noches.**
さようなら。	☐ **Adiós.**
また後で。	☐ **Hasta luego.**
また明日。	☐ **Hasta mañana.**
また会いましょう。	☐ **Hasta la vista.**
ありがとう。	☐ **Gracias.**
どうもありがとう。	☐ **Muchas gracias.**
どういたしまして。	☐ **De nada.** (Gracias. に対して)
すみません。	☐ **Perdón.**
どういたしまして。	☐ **No pasa nada.** (Perdón. に対して)
ごめんなさい。	☐ **Lo siento.**
	☐ **¿Qué tal?**
お元気ですか。	☐ **¿Cómo estás?**
	☐ **¿Cómo está usted?**
はい，元気です。	☐ **Bien, gracias.**
いいえ，調子がよくないです。	☐ **No estoy bien.**
まあまあです。	☐ **Así así.**
君の名前は？	☐ **¿Cómo te llamas?**
あなたのお名前は？	☐ **¿Cómo se llama usted?**
私はマリアです。	☐ **Me llamo María.**
はじめまして，どうぞよろしく。	☐ **Mucho gusto.**
	☐ **Encantado./Encantada.**
こちらこそ，どうぞよろしく。	☐ **Mucho gusto.**
	☐ **El gusto es mío.**
	Encantado./Encantada.

日本	□ **Japón**	**japonés** 男 **japonesa** 女
中国	□ **China**	**chino** 男 **china** 女
韓国	□ **Corea**	**coreano** 男 **coreana** 女
スペイン	□ **España**	**español** 男 **española** 女
ポルトガル	□ **Portugal**	**portugués** 男 **portuguesa** 女
フランス	□ **Francia**	**francés** 男 **francesa** 女
イギリス	□ **Inglaterra**	**inglés** 男 **inglesa** 女
ドイツ	□ **Alemania**	**alemán** 男 **alemana** 女
メキシコ	□ **México**	**mexicano** 男 **mexicana** 女
アメリカ合衆国	□ **Estados Unidos de América**	**estadounidense** 男 **estadounidense** 女
ペルー	□ **Perú**	**peruano** 男 **peruana** 女
アルゼンチン	□ **Argentina**	**argentino** 男 **argentina** 女

¿De dónde sois? 　　　　　　　　君たちはどこ出身ですか。

—**Yo soy de Japón y ella es de China.**

　　　　　　　　　　　　　　　　—私は日本で，彼女は中国です。

Juan es español y Mary es inglesa.

　　　　　　　　　　　　　フアンはスペイン人でメアリーはイギリス人です。

Mi padre habla inglés y alemán. 　父は英語とドイツ語を話せます。

421 ☐☐☐	エントラル **entrar** 活用 p.173	自動 入る
422 ☐☐☐	エンプハル **empujar** 活用 p.173	他動 (〜を)押す • empujar la puerta「ドアを押す」
423 ☐☐☐	パサル **pasar** 活用 p.175	自動 通る, 起こる 他動 (〜を)通る, 過ごす • pasar por「〜に寄る」
424 ☐☐☐	ブスカル **buscar** 活用 p.171	他動 (〜を)探す
425 ☐☐☐	ウサル **usar** 活用 p.177	他動 (〜を)使用する
426 ☐☐☐	バハル **bajar** 活用 p.170	自動 降りる 他動 (〜を)下げる
427 ☐☐☐	スビル **subir** 活用 p.182	自動 登る, 上がる 他動 (〜を)上げる

61

エル ラドロン ア エントラド エン ラ カサ ポル ラ ベンタナ

El ladrón ha ⬚entrado⬚ en la casa por la ventana.

泥棒は窓から家に入りました。

▶ ladrón「泥棒」 ha＜haber＋過去分詞［現在完了］　ventana 284「窓」

エンプハ ラ プエルタ

⬚Empuja⬚ la puerta.

ドアを押しなさい。

▶ empuja＜empujar：tú に対する命令。　puerta 283「ドア」

パサモス ポル ラ ファルマシア

⬚Pasamos⬚ por la farmacia.

私たちは薬局に寄ります。

▶ farmacia 087「薬局」

ブスコ トラバホ エン コシナ

⬚Busco⬚ trabajo en cocina.

私はキッチンでの仕事を探しています。

▶ trabajo 040「仕事」 cocina 274「キッチン」

プエド ウサル トゥ モビル

¿Puedo ⬚usar⬚ tu móvil?

（私は）君の携帯を使ってもいい？

▶ puedo＜poder 119「〜できる」 tu「君の」 móvil 398「携帯電話」

アオラ バホ

Ahora ⬚bajo⬚.

《インターフォンなどで呼ばれた際に》今，下に行きます。

▶ ahora 349「今」

スボ ア ラ アソテア ポル ラ エスカレラ

⬚Subo⬚ a la azotea por la escalera.

私は屋上に階段で上がります。

▶ azotea「屋上」 escalera 272「階段」

| 1回目 | 年 月 日 ／7 | 2回目 | 年 月 日 ／7 | 3回目 | 年 月 日 ／7 | 達成率 **85 %** |

428 □
□
□
アブ**リ**ル

abrir
活用 p.180

他動 (〜を)開ける

自動 開く

429 □
□
□
アビ**エ**ルト／アビ**エ**ルタ

**abierto／
abierta**

形 開いた, 開放的な

430 □
□
□
セ**ラ**ル

cerrar
活用 p.171

他動 (〜を)閉める

自動 閉まる

431 □
□
□
セ**ラ**ド／セ**ラ**ダ

**cerrado／
cerrada**

形 閉まった, 閉鎖的な

432 □
□
□
ティ**ラ**ル

tirar
活用 p.176

他動 (〜を)投げる, 捨てる

433 □
□
□
エ**チャ**ル

echar
活用 p.172

他動 (〜を)投げる, (投げ)入れる

434 □
□
□
ト**カ**ル

tocar
活用 p.176

他動 触る, (楽器を)演奏する

自動 (くじなどが)当たる

▪tocar la lotería「宝くじが当たる」

62

ロス　バンコス　アブレン　ア　ラス　ヌエベ

Los bancos [abren] a las 9 [nueve].

銀行は9時に開きます。

▶ bancos＜banco **090**「銀行」

エスタ　ティエンダ　エスタ　アビエルタ　トド　エル　ディア

Esta tienda está [abierta] todo el día.

この店は終日開いています。

▶ esta＜este「この」 tienda **406**「店」 está＜estar **021**「～（な状態）だ」
todo el día **317**「一日中」

シエラ　ラ　ベンタナ　ポル　ファボル　テンゴ　フリオ

[Cierra] la ventana, por favor. Tengo frío.

窓を閉めてください。私，寒いわ。

▶ cierra＜cerrar：tú に対する命令。
tengo＜tener **435** ＋《状態を表す名詞》「～という状態にある」frío **312**「寒さ」

ラ　クリニカ　エスタ　セラダ　オイ

La clínica está [cerrada] hoy.

今日，クリニックは閉まっています。

▶ clínica「クリニック」 hoy **316**「今日」

エステ　ピハマ　ジャ　エスタ　パラ　ティラル

Este pijama ya está para [tirar].

このパジャマはもう捨てないと。

▶ pijama「パジャマ」 ya「もう」
está＜estar **021** para＋《不定詞》「～するところだ」

ノ　デベモス　エチャル　バスラ　ア　ラ　カジェ

No debemos [echar] basura a la calle.

私たちは道にごみを投げ捨ててはなりません。

▶ no debemos＜deber＋《不定詞》「～してはならない」 basura「ごみ」
calle **121**「道」

トコ　エル　ビオリン　ムイ　マル

[Toco] el violín muy mal.

私はバイオリンがとても下手です。

▶ violín「バイオリン」 muy **483**「とても」 mal **205**「下手に」

| 1回目 | 年　月　日 ／7 | 2回目 | 年　月　日 ／7 | 3回目 | 年　月　日 ／7 | 達成率 **86 %** |

435 □
□
□
テネル

tener
活用 p.180

他動 (〜を)持つ

---

436 □
□
□
トラエル

traer
活用 p.180

他動 (〜を)持ってくる

---

437 □
□
□
トマル

tomar
活用 p.177

他動 (〜を手に)取る；(〜に)乗る；
(〜を)食べる, 飲む

---

438 □
□
□
サカル

sacar
活用 p.176

他動 (〜を)取り出す, 連れ出す,
得る

---

439 □
□
□
ボルベル

volver
活用 p.180

他動 ひっくり返す　自動 戻る

---

440 □
□
□
ポネル

poner
活用 p.179

他動 (〜を)置く, 入れる

▪poner se 再帰動「身に着ける」

---

441 □
□
□
デハル

dejar
活用 p.172

他動 (〜を)置いておく, 置き忘
れる；貸す

63

エジャ　ティエネ　オンセ　アニョス
Ella **tiene** **11**[once] **años.**

彼女は 11 歳です。

▶ años＜año **017**「年」

メ　トラエス　ウン　バソ　デ　アグア　ポル　ファボル
¿Me **traes** **un vaso de agua, por favor?**

(君は) 私にコップ一杯のお水を持ってきてくれますか。

▶ me「私に」 vaso「コップ」 de **341**「～の」 agua **241**「水」
por favor「(どうぞ) お願いします」

バモス　ア　トマル　アルゴ
Vamos a **tomar** **algo.**

何か食べましょう [飲みましょう]。

▶ vamos＜ir a ＋《不定詞》**414**「～しましょう」 algo **494**「何か」

デベス　サカル　ブエナス　ノタス
Debes **sacar** **buenas notas.**

君はよい成績をとらなければなりません。

▶ debes＜deber＋《不定詞》「～しなければならない」
buenas notas「よい成績」

ノルマルメンテ　ブエルボ　ア　カサ　ア　ラス　ヌエベ　デ　ラ　ノチェ
Normalmente **vuelvo** **a casa a las 9**[nueve] **de la noche.**

いつも私は午後9時に帰宅します。

▶ normalmente「普通」 a **345**「～に」 casa **267**「家」 noche **324**「夜」

メ　ポンゴ　ラ　コルバタ
Me **pongo** **la corbata.**

私はネクタイを締めます。

▶ me pongo＜ponerse「身に着ける」 corbata「ネクタイ」

デベ　ス　メンサヘ　デスプエス　デ　ラ　セニャル
Deje **su mensaje después de la señal.**

合図の後に，メッセージを残してください。

▶ deje＜dejar：usted に対する命令。 su「あなたの」
mensaje「メッセージ」 después de **366**「～の後で」 señal「合図」

| | 年 月 日 | | 年 月 日 | | 年 月 日 | 達成率 |
|1回目| ／7 |2回目| ／7 |3回目| ／7 | **87 %** |

147

442 ファル**タ**ル

faltar

活用 p.174

自動 不足している

443 ネセシ**タ**ル

necesitar

活用 p.175

他動 (〜を)必要とする

444 エンペ**サ**ル

empezar

活用 p.172

自動 始まる

他動 始める

445 アカ**バ**ル

acabar

活用 p.170

他動 (〜を)終える

自動 終わる

446 コンティ**ヌア**ル

continuar

活用 p.171

自動 続く

他動 続ける

447 **フ**ィン

fin

名|男 終わり, 目的

448 テルミ**ナ**ル

terminar

活用 p.176

他動 (〜を)終了する, 終わらせる

自動 終わる

148

64

ファルタン　トレス　セマナス　パラ　ミ　クンプレアニョス

Faltan tres semanas para mi cumpleaños.

私の誕生日まであと 3 週間です。

▶ semanas＜semana 318「週」 para 493「～まで」 mi「私の」
cumpleaños 250「誕生日」

ネセシタモス　　ウン　セクレタリオ

Necesitamos un secretario.

私たちは秘書が 1 人必要です。

▶ secretario「秘書」

ラ　フンシオン　　エンピエサ　　デントロ　デ　ディエス　ミヌトス

La función empieza dentro de 10[diez] minutos.

（次の）上演は 10 分後に始まります。

▶ función「上演」 dentro de「～後に」 minutos＜minuto 320「分」

ラ　クラセ　　アカバ　ア　ラス　セイス　デ　ラ　タルデ

La clase acaba a las 6[seis] de la tarde.

授業は午後 6 時に終わります。

▶ clase 025「授業」

コンティヌアラ

Continuará.

（次回／次号に）続く。

▶ continuará＜continuar：未来形（中級以上で学習）

ロス　フィネス　デ　セマナ　　バモス　デ　コンプラス

Los fines de semana vamos de compras.

毎週末，私たちは買い物に行きます。

▶ semana 318「週」 vamos＜ir de compra 475「買い物に行く」

テルミナモス　　エル　トラバホ　　パラ　マニャナ

Terminamos el trabajo para mañana.

私たちは，明日までには仕事を終わらせます。

▶ trabajo 040「仕事」 mañana 323「明日」

449 □□□
アブラル

hablar
活用 p.174

自動 話す

- hablar en español「スペイン語で話す」

450 □□□
デシル

decir
活用 p.180

自動 言う

451 □□□
ミラル

mirar
活用 p.175

他動 (〜を注意して)見る, 考える

452 □□□
ベル

ver
活用 p.180

他動 (〜を)見る, (〜に)会う

453 □□□
パレセル

parecer
活用 p.179

自動 〜のように見える, 思える

- parecerse 再動 (＋a 〜)「(〜に)似ている」

454 □□□
オイル

oír
活用 p.181

他動 (〜を)聞く, (〜が)聞こえる

- Oiga.「すみません。(usted に対する呼びかけ)」
- Oye.「ねえ。(tú に対する呼びかけ)」

455 □□□
エスク**チャ**ル

escuchar
活用 p.173

他動 (〜を)聴く

escuchar música「音楽を聴く」

65

アブラモス　エスパニョル　アレマン　イングレス イ　フランセス

Hablamos español, alemán, inglés y francés.

私たちはスペイン語，ドイツ語，英語，フランス語を話します。

▶ español「スペイン語」alemán「ドイツ語」inglés「英語」y **369**「～と」
francés「フランス語」

シエンプレ　テ　ディゴ　ラ　ベルダ

Siempre te **digo** la verdad.

私は，君にいつも本当のことを言っています。

▶ siempre **371**「いつも」te「君に」verdad **117**「真実」

ミラ　エル　レロホ

Mira el reloj.

時計を見なさい。

▶ mira＜mirar：tú に対する命令。　reloj **307**「時計」

ベモス　ラ　テレビシオン

Vemos la televisión.

私たちはテレビを見ます。

▶ televisión **280**「テレビ」

エセ　ベスティド　メ　パレセ　ムイ　ボニト

Ese vestido me **parece** muy bonito.

そのドレスは，私にはとても素敵に見えます。

▶ ese「その」vestido **296**「ドレス」me「私に」muy **483**「とても」
bonito **165**「素敵な」

エン ラ カジェ　ノ テ オイゴ　ビエン

En la calle no te **oigo** bien.

通りでは，私は君の声がよく聞こえません。

▶ en **358**「～で」calle **121**「通り」te「君を」bien **199**「よく」

アオラ　ポデモス　エスクチャル ラ ラディオ ポル インテルネッ(ト)

Ahora podemos **escuchar** la radio por internet.

今ではインターネットでラジオを聴くことができます。

▶ ahora **349**「今」podemos＜poder **119** ＋《不定詞》「～できる」
radio「ラジオ」internet **396**「インターネット」

456 ☐ ☐ ☐	プレグンタル **preguntar** 活用 p.176	自動 (〜について)尋ねる 他動 尋ねる
457 ☐ ☐ ☐	レエル **leer** 活用 p.178	他動 (〜を)読む ▪leer una novela「小説を読む」
458 ☐ ☐ ☐	エスクリビル **escribir** 活用 p.181	自動 手紙を書く 他動 《文字・文章などを》書く
459 ☐ ☐ ☐	サベル **saber** 活用 p.179	他動 知っている, 〔＋不定詞〕〜できる
460 ☐ ☐ ☐	エンテンデル **entender** 活用 p.178	他動 (〜を)理解する, わかる
461 ☐ ☐ ☐	ペンサル **pensar** 活用 p.176	自動 〔＋ en 〜〕(〜について)考える 他動 (〜を)考える, 〔que ＋直説法〕〜と思う
462 ☐ ☐ ☐	コンプレンデル **comprender** 活用 p.178	他動 理解する

66

テ　プレグント　ウナ　コサ

Te [pregunto] una cosa.

私は君にひとつ質問があります。

▶ te「君に」 cosa **338**「こと」

メ　グスタ　レエル

Me gusta [leer].

私の趣味は読書です。

▶ me「私に」 gusta＜gustar **257**「気に入る」

アウン　エスクリボ　カルタス　ア　マノ

Aún [escribo] cartas a mano.

私はいまだに手紙を手書きしています。

▶ aún「いまだに，まだ」 cartas＜carta **394**「手紙」
a mano **391**「(機械でなく)手で」

サベス　コンドゥシル

¿[Sabes] conducir?

君は運転できますか。

▶ conducir **106**「運転する」

エンティエンド　ウン　ポコ　デ　エスパニョル

[Entiendo] un poco de español.

私は少しスペイン語がわかります。

▶ un poco **480** de「〜を少し」 español「スペイン語」

ピエンソ　エン　ラス　バカシオネス　デ　ベラノ

[Pienso] en las vacaciones de verano.

私は夏休みのことを考えています。

▶ vacaciones＜vacación「休暇」 de **341**「〜の」 verano「夏」

ミ　イホ　コンプレンデ　ペルフェクタメンテ　エル　イングレス

Mi hijo [comprende] perfectamente el inglés.

私の息子は完璧に英語を理解しています。

▶ mi「私の」 hijo **006**「息子」 perfectamente「完璧に」 inglés「英語」

---

463 □
□
□

コノセル

conocer

活用 p.178

他動 《体験的に》知っている

---

464 □
□
□

クレエル

creer

活用 p.178

他動 (〜と)信じる, 思う

自動 〔+ en 〜〕(〜の存在・価値を)信じる

▪ creer que「〜と思う」

---

465 □
□
□

センティル

sentir

活用 p.182

他動 感じる, 残念に思う

---

466 □
□
□

フィルマル

firmar

活用 p.174

他動 自動 署名する

---

467 □
□
□

エ(ク)スプリカル

explicar

活用 p.174

他動 説明する

---

468 □
□
□

プレセンタル

presentar

活用 p.176

他動 紹介する, 提示する

---

469 □
□
□

セルビル

servir

活用 p.182

他動 給仕する, 仕える, 役立つ

67

ラ　コノスコ　デ　ビスタ

La boxed{conozco} de vista.

私は，彼女の顔は知っています。

▶ la「彼女を」 vista「視覚」

クレオ　ケ　バ　ア　ジョベル　エスタ　ノチェ

boxed{Creo} que va a llover esta noche.

私は，今夜は雨が降ると思います。

▶ va＜ir a ＋《不定詞》**414**「〜するだろう」 llover **315**「雨が降る」
　 esta＜este「この」 noche **324**「夜」

ロ　シエント　ムチョ

Lo boxed{siento} mucho.

大変申し訳ございません。

▶ lo「そのことを」 mucho「大いに，たいへん」

マニャナ　フィルマモス　エル　コントラト　デ　アルキレル　デル　ピソ

Mañana boxed{firmamos} el contrato de alquiler del piso.

明日，私たちはマンションの賃貸借契約書にサインします。

▶ mañana **323**「明日」contrato「契約（書）」alquiler「賃貸借」piso **281**「マンション」

アリシア　エ(ク)スプリカ　ス　シトゥアシオン　ア　スス　アミゴス

Alicia boxed{explica} su situación a sus amigos.

アリシアは自分の状況を友人たちに説明します。

▶ situación **385**「状況」 sus＜su「彼女の」 amigos＜amigo **014**「友人」

オス　プレセント　ア　ミ　ノビア

Os boxed{presento} a mi novia.

君たちに私の恋人を紹介します。

▶ os「君たちに」 mi「私の」 novia＜novio「恋人」

テ　シルボ　ウン　ポコ　デ　ビノ

¿Te boxed{sirvo} un poco de vino?

少しワインをいかがですか。

▶ te「君に」 un poco **480** de「〜を少し」 vino **237**「ワイン」

| 1回目 | 年　月　日 ／7 | 2回目 | 年　月　日 ／7 | 3回目 | 年　月　日 ／7 | 達成率 93 % |

470 □ □ □
アジュ**ダ**ル

ayudar
活用 p.170

他動 助ける, 手伝う

471 □ □ □
ダル

dar
活用 p.171

他動 与える

472 □ □ □
エンビ**ア**ル

enviar
活用 p.173

他動 送る

▪enviar una carta「手紙を出す」

473 □ □ □
エンコン**ト**ラル

encontrar
活用 p.173

他動 見つける, 偶然に出会う

474 □ □ □
パ**ガ**ル

pagar
活用 p.175

他動 (代金を)支払う

475 □ □ □
コンプ**ラ**ル

comprar
活用 p.171

他動 買う

▪ir de compras「買い物に行く」

476 □ □ □
リンピ**ア**ル

limpiar
活用 p.174

他動 掃除する, きれいにする

▪limpiar una habitación「部屋を掃除する」

68

メ　アジュダス　ア　ポネル　ラ　メサ

¿Me [ayudas] a poner la mesa?

君は食卓の準備を手伝ってくれますか。

▶ me「私を」 poner la mesa 278「食卓の準備をする，食器を並べる」

テ　ドイ　エステ　リブロ

Te [doy] este libro.

私は君にこの本をあげます。

▶ te「君に」 este「この」 libro 043「本」

ママ　　メ　エンビアス　ディネロ

Mamá, ¿me [envías] dinero?

ママ，私にお金を送ってくれる？

▶ mamá 002「ママ」 me「私に」 dinero 407「金」

エ　エンコントラド　ラ　ジャベ　ペルディダ

He [encontrado] la llave perdida.

私は失くした鍵を見つけました。

▶ he＜haber＋《過去分詞》：現在完了 llave「鍵」perdida＜perder「失くす」

プエド　パガル　エン　エフェクティボ

¿Puedo [pagar] en efectivo?

（私は）現金で支払えますか。

▶ puedo＜poder 119「～できる」 en 358 efectivo「現金で」

ボイ　ア　コンプラル　ナランハス　パラ　アセル　スモ

Voy a [comprar] naranjas para hacer zumo.

私はジュースにするためにオレンジを買うつもりです。

▶ voy＜ir a ＋《不定詞》414「～するつもりだ」
naranjas＜naranja「オレンジ」 hacer 218「作る」 zumo 240「ジュース」

リンピオ　ラ　カサ　トドス　ロス　ディアス

[Limpio] la casa todos los días.

私は毎日家を掃除します。

▶ casa 267「家」 todos los días 317「毎日」

1回目	年　月　日 ／7	2回目	年　月　日 ／7	3回目	年　月　日 ／7	達成率 94 %

157

477 □□□
カシ

casi

副 ほとんど

478 □□□
バスタンテ

bastante

形 かなりの, 相当の
副 かなり, 十分に

479 □□□
デマシアド／デマシアダ

demasiado／demasiada

形 あまりに多くの
・demasiado 副「あまりに」

480 □□□
ポコ／ポカ

poco／poca

形 わずかな
・poco 副「わずか, (ほんの)少し」

481 □□□
タント／タンタ

tanto／tanta

形 それほど多くの
・tanto 副「それほど多く, そんなに」
・tanto+《名詞》+como「～と同じくらいの」

482 □□□
マス

más

形 より多い　副 もっと

483 □□□
ムイ

muy

副 とても

69

エストイ　カシ　セグロ　デ　ケ　マリア　テ　キエレ

Estoy casi seguro de que María te quiere.

マリアが君のことを愛していると，ぼくはほぼ確信しています。

▶ estoy＜estar **021** seguro de「～と確信する」 quiere＜querer **259**「愛する」

マヌエル　ティエネ　バスタンテス　プロブレマス　コン　ス　パドレ

Manuel tiene bastantes problemas con su padre.

マヌエルは父親との間にかなりの問題を抱えています。

▶ tiene＜tener **435**「持つ」 problemas＜problema **035**「問題」 su「彼の」
padre **001**「父」

テンゴ　デマシアドス　エネミゴス

Tengo demasiados enemigos.

私には敵が多すぎます。

▶ tengo＜tener **435**「持つ」 enemigos＜enemigo「敵」

ア　エスタス　オラス　アイ　ポカ　ヘンテ　エン　ラ　カジェ

A estas horas hay poca gente en la calle.

この時間では，外に人はほどんどいません。

▶ a estas horas「この時間帯は」 hay＜haber「～がいる」 gente **054**「人々」
calle **121**「外」

ノ　テンゴ　タント　ディネロ　コモ　トゥ

No tengo tanto dinero como tú.

私は君ほどお金を持っていない。

▶ dinero **407**「お金」

アブラ　マス　デスパシオ　ポル　ファボル

Habla más despacio, por favor.

もっとゆっくり話して。

▶ habla＜hablar **449**「話す」＊tú に対する命令。 despacio **329**「ゆっくりと」
por favor「（どうぞ）お願いします」

エスタモス　ムイ　カンサダス

Estamos muy cansadas.

私たちはとても疲れています。

▶ estamos＜estar **021**「～（な状態）だ」 cansadas＜cansada「疲れた」

| 1回目 | 年 月 日 ／7 | 2回目 | 年 月 日 ／7 | 3回目 | 年 月 日 ／7 | 達成率 **96 %** |

484 □□□ コン
con
前 ～と一緒に, ～入り［付き］の
- con+mí ⇒ conmigo「私と一緒に」
- con+ti ⇒ contigo「君と一緒に」

485 □□□ フント／フンタ
junto／junta
形 一緒の

486 □□□ タンビエン
también
副 ～もまた
- tampoco 副「～もまた…ない」

487 □□□ アウンケ
aunque
接 ～ではあるが

488 □□□ ニ
ni
接 ～も…もない

489 □□□ コントラ
contra
前 ～に反して, 対して

490 □□□ エントレ
entre
前 ～の間に

70

エスタ タルデ ボイ アル テアトロ コン ミ ノビオ
Esta tarde voy al teatro con mi novio.

今日の午後，私は彼氏と劇を見に行きます。

▶ tarde 325「午後」 voy＜ir 414 al teatro「劇を観に行く」 mi「私の」
novio「恋人」

バモス フントス
Vamos juntos.

一緒に行きましょう。

▶ vamos＜ir 414「行く」

ジョ タンビエン テンゴ ガナス デ ビアハル ポル エスパニャ
Yo también tengo ganas de viajar por España.

私もスペインを旅行したい。

▶ tengo＜tener 435 ganas de＋《不定詞》「〜したい」 viajar 072「旅行する」

アウンケ ジュエベ テネモス ケ サリル オイ
Aunque llueve, tenemos que salir hoy.

雨が降っているが，私たちは今日出かけなければなりません。

▶ llueve＜llover 315「雨が降る」 tenemos＜tener 435 que＋《不定詞》「〜し
なければならない」 salir 419「出かける」 hoy 316「今日」

ノ フモ ニ ベボ
No fumo ni bebo.

私はたばこも酒もやりません。

▶ fumo＜fumar 210「たばこを吸う」 bebo＜beber 216「飲酒する」

ロス ニーニョス ランサン ピエドラス コントラ エルクリスタル デ ラ ティエンダ
Los niños lanzan piedras contra el cristal de la tienda.

子どもたちが店のガラスに石を投げます。

▶ niños＜niño 009「子ども」 lanza＜lanzar「投げる」 piedra「石」
cristal「(窓) ガラス」 tienda 406「店」

エントレ ノソトロス エントレ トゥ イ ジョ ノ アイ セクレトス
Entre nosotros [Entre tú y yo] no hay secretos.

私たち(君と私)の間に秘密はありません。

▶ hay＜haber「〜がある」 secretos＜secreto「秘密」

---

491 ☐ ☐ ☐ ドゥランテ
durante
前 ～の間ずっと

492 ☐ ☐ ☐ セグン
según
前 ～に従って

493 ☐ ☐ ☐ パラ
para
前 ～のため, ～に対して, ～まで

494 ☐ ☐ ☐ アルゴ
algo
不定代 何か

495 ☐ ☐ ☐ アルグノ／アルグナ
alguno／alguna
不定形 [＋名詞] ある, 何らかの (男性単数名詞の前では algún)
不定代 誰か, [複数] 何人 [いくつ] か

496 ☐ ☐ ☐ アルギエン
alguien
不定代 誰か
▪ nadie 否定代 「誰も～ない」

497 ☐ ☐ ☐ ドンデ
dónde
疑副 どこ

71

ミ　ヘフェ　トラバハ　　ドゥランテ　　トド　エル ディア シン　　コメル

Mi jefe trabaja ⎡durante⎤ todo el día sin comer.

私の上司はお昼も食べずに1日中働きます。

▶ mi「私の」jefe「上司」trabaja＜trabajar **039**「働く」todo el día **317**「一日中」
  sin「～なしで」comer **215**「昼食をとる」

セグン　　エル プロノスティコ　　デル ティエンポ　　マニャナ　　バ ア ネバル

⎡Según⎤ el pronóstico del tiempo, mañana va a nevar.

天気予報によると，明日は雪が降るでしょう。

▶ pronóstico del tiempo「天気予報」mañana **323**「明日」
  va＜ir a ＋《不定詞》**414**「～するだろう」nevar「雪が降る」

エスタ　カルタ　エス　　パラ　ティ

Esta carta es ⎡para⎤ ti.

この手紙は君宛てです。

▶ esta＜este「この」carta **394**「手紙」es＜ser **020**「～だ」ti「君」

クエンタメ　　　アルゴ　　　インテレサンテ

Cuéntame ⎡algo⎤ interesante.

何か面白いことを私に話してください。

▶ cuenta＜contar「話す」＊ tú に対する命令。me「私に」
  interesante **180**「興味深い」

キエレ　ウステ　　アルグナ　　コサ　マス

¿(Quiere Vd.) ⎡alguna⎤ cosa más?

《お店などで》何かほかに必要ですか。

▶ quiere＜querer **259**「欲する」cosa **338**「こと，もの」más **482**「もっと」

アイ　　アルギエン　　アイ

Hay ⎡alguien⎤ ahí.

そこに誰かいます。

▶ hay＜haber「～がいる」ahí「そこに」

ドンデ　　ビベス

¿⎡Dónde⎤ vives?

君はどこに住んでいますか。

▶ vives＜vivir **264**「住む」

498 □
□
□
アドンデ

adónde

疑副 どこに, どこへ

- a dónde と分けて表記されることも
ある。

499 □
□
□
クアル

cuál

疑代 どれ, どちら

- cuáles《複》
- 日本語では「何, 誰, どこ, いくら」な
どと訳されることがある。

500 □
□
□
クアンド

cuándo

疑副 いつ

501 □
□
□
クアント

cuánto

疑形 疑代 疑副《数量》いくつ, いくら
- 疑問形容詞・疑問代名詞として使用さ
れる場合は性数変化する。
⇒ cuánto(s), cuánta(s)

502 □
□
□
ポル ケ

por qué

前+疑 なぜ

503 □
□
□
ポルケ

porque

接 なぜならば, ～なので

504 □
□
□
ケ

qué

疑 何, どの～

72

アドンデ　バス
¿[Adónde] vas?
君はどこに行くの？
▶ vas＜ir **414**「行く」

クアル　エス　ラ　カピタル　デ　エスパーニャ
¿[Cuál] es la capital de España?
スペインの首都はどこですか。
▶ capital「首都」

クアンド　エス　トゥ　クンプレアニョス
¿[Cuándo] es tu cumpleaños?
君の誕生日はいつですか。
▶【対話例】Es el quince de agosto.「8月15日です」
es＜ser **020**「～だ」 tu「君の」 cumpleaños **250**「誕生日」

クアントス　アニョス　ティエネス
¿[Cuántos] años tienes?
君は何歳ですか。
▶【対話例】Tengo 20 años.「20歳です」
años＜año **017**「歳」 tienes＜tener **435**「持つ」

ポル　ケ　ノ　コメス　ナダ
¿[Por qué] no comes nada?
なぜ君は何も食べないのですか。
▶【対話例】Porque no tengo hambre.「お腹が空いていないからです」
comes＜comer **215**「食べる」 nada **372**「何も～ない」

ノ　キエロ　アセル　ナダ　ポルケ　エストイ　ムイ　カンサド
No quiero hacer nada, [porque] estoy muy cansado.
私はとても疲れているので，何もしたくありません。
▶ quiero＜querer **259** ＋《不定詞》「～したい」 hacer **218**「する」
estoy＜estar **021**「～（な状態）だ」 muy **483**「とても」 cansado「疲れた」

ケ　エス　エスト
¿[Qué] es esto?
これは何ですか。
▶ esto「これ」

文法復習⑥　疑問詞／数詞（基数と序数）1000まで

疑問詞

● **qué** 何，どんな（＋名詞）

¿Qué haces mañana? 明日は何をしますか。
—Voy de excursión a la montaña. —遠足で山に行きます。

¿Qué lenguas hablas? 何語を話しますか。
—Hablo francés e inglés. —フランス語と英語です。

● **cuándo** いつ

¿Cuándo es la fiesta? パーティはいつですか。
—Es el 10 de enero. —1月10日です。

● **dónde** どこで

¿Dónde vives? どこに住んでいますか。
—Vivo en Madrid. —マドリードです。

● **adónde** どこへ

¿Adónde vas esta noche? 今夜どこへ行きますか。
—Voy al teatro. —劇場に行きます。

● **quién, quiénes** 誰

¿Quiénes son aquellas chicas? あの女性たちは誰ですか。
—Son mis hermanas. —私の姉妹です。

● **cuál, cuáles** どれ

¿Cuáles son tus gafas? 君のメガネはどれですか。
—Son esas. それです。

● **cómo** どのように

¿Cómo estás? 調子はどうですか。
—Estoy muy bien. とてもよいです。

● **cuánto, cuántos, cuánta, cuántas** いくつの

¿Cuánto es en total? 全部でいくらですか。
—Son diecinueve euros. —19ユーロです。

● **por qué** なぜ

¿Por qué estudias español? なぜスペイン語を勉強しているの？

—Porque quiero viajar por Perú en el futuro.

—将来ペルーを旅行したいからです。

数字（基数）

0	セロ **cero**	1	ウノ **uno**	2	ドス **dos**
3	トレス **tres**	4	クアトロ **cuatro**	5	シンコ **cinco**
6	セイス **seis**	7	シエテ **siete**	8	オチョ **ocho**
9	ヌエベ **nueve**	10	ディエス **diez**	11	オンセ **once**
12	ドセ **doce**	13	トレセ **trece**	14	カトルセ **catorce**
15	キンセ **quince**	16	ディエシセイス **dieciséis**	17	ディエシシエテ **diecisiete**
18	ディエシオチョ **dieciocho**	19	ディエシヌエベ **diecinueve**	20	ベインテ **veinte**
21	ベインティウノ **veintiuno**	22	ベインティドス **veintidós**	23	ベインティトレス **veintitrés**
24	ベインティクアトロ **veinticuatro**	25	ベインティシンコ **veinticinco**	26	ベインティセイス **veintiséis**
27	ベインティシエテ **veintisiete**	28	ベインティオチョ **veintiocho**	29	ベインティヌエベ **veintinueve**
30	トレインタ **treinta**	31	トレインタ　イ　ウノ **treinta y uno**	32	トレインタ　イ　ドス **treinta y dos**
33	トレインタ　イ　トレス **treinta y tres**	40	クアレンタ **cuarenta**	50	シンクエンタ **cincuenta**
60	セセンタ **sesenta**	70	セテンタ **setenta**	80	オチェンタ **ochenta**
90	ノベンタ **noventa**	100	シエン **cien**	101	シエント　ウノ **ciento uno**
110	シエント　ディエス **ciento diez**	200	ドスシエントス **doscientos**	300	トレスシエントス **trescientos**
400	クアトロシエントス **cuatrocientos**	500	キニエントス **quientos**	600	セイスシエントス **seiscientos**
700	セテシエントス **setecientos**	800	オチョシエントス **ochocientos**	900	ノベシエントス **novecientos**
1,000	ミル **mil**				

＊ uno は男性名詞の前では un，女性名詞の前では una になります。

un libro　1 冊の本　　　　　　　　　　**una casa**　1 軒の家

veintiún libros　21 冊の本　　　　　　**veintiuna casas** 21 軒の家

treinta y un libros　31 冊の本　　　　**treinta y una casas**　31 件の家

＊ 200 ～ 900 の数字は，女性形があるので注意しましょう。

doscientos libros　200 冊の本　　　　**doscientas casas**　200 件の家

文法復習⑥ 月・曜日／季節

月・曜日

● 月

1月	エネロ enero	2月	フェブレロ febrero
3月	マルソ marzo	4月	アブリル abril
5月	マジョ mayo	6月	フニオ junio
7月	フリオ julio	8月	アゴスト agosto
9月	セプティエンブレ septiembre	10月	オクトゥブレ octubre
11月	ノビエンブレ noviembre	12月	ディシエンブレ diciembre

● 曜日

月曜日	ルネス lunes	火曜日	マルテス martes
水曜日	ミエルコレス miércoles	木曜日	フエベス jueves
金曜日	ビエルネス viernes	土曜日	サバド sábado
日曜日	ドミンゴ domingo		

月の名前と曜日の名前はすべて男性名詞で，小文字で始めます。

¿A cuántos estamos hoy?	今日は何日ですか。
—Estamos a diez de octubre.	—10月10日です。
¿Qué día (de la semana) es hoy?	今日は何曜日ですか。
—Es viernes.	金曜日です。

また，「～曜日に」は定冠詞 + 曜日で表します。複数形では，毎週
～曜日になります。

El sábado **voy al cine.**　　　　　　私は（今度の）土曜日に映画に行きます。

Los sábados **trabajo en una librería.** 私は毎週土曜日に本屋で働いています。

季 節

春	プリマベラ **primavera**	夏	ベラノ **verano**
秋	オトニョ **otoño**	冬	イニビエルノ **invierno**

Estamos en invierno.　　　　　　今は冬です。

◆ 現在分詞
◆ 過去分詞

-ar 動詞

＊不規則形は赤で示しています。

不定詞		直説法・現在		
445 acabar	yo acabo		nosotros acabamos	
◆ acabando	tú acabas		vosotros acabáis	
◆ acabado	él acaba		ellos acaban	
290 acostar	yo acuesto		nosotros acostamos	
◆ acostando	tú acuestas		vosotros acostáis	
◆ acostado	él acuesta		ellos acuestan	
213 almorzar	yo almuerzo		nosotros almorzamos	
◆ almorzando	tú almuerzas		vosotros almorzáis	
◆ almorzado	él almuerza		ellos almuerzan	
416 andar	yo ando		nosotros andamos	
◆ andando	tú andas		vosotros andáis	
◆ andado	él anda		ellos andan	
470 ayudar	yo ayudo		nosotros ayudamos	
◆ ayudando	tú ayudas		vosotros ayudáis	
◆ ayudado	él ayuda		ellos ayudan	
064 bailar	yo bailo		nosotros bailamos	
◆ bailando	tú bailas		vosotros bailáis	
◆ bailado	él baila		ellos bailan	
426 bajar	yo bajo		nosotros bajamos	
◆ bajando	tú bajas		vosotros bajáis	
◆ bajado	él baja		ellos bajan	

424	buscar	yo	busco	nosotros	buscamos
	◆buscando	tú	buscas	vosotros	buscáis
	◆buscado	él	busca	ellos	buscan
063	cantar	yo	canto	nosotros	cantamos
	◆cantando	tú	cantas	vosotros	cantáis
	◆cantado	él	canta	ellos	cantan
214	cenar	yo	ceno	nosotros	cenamos
	◆cenando	tú	cenas	vosotros	cenáis
	◆cenado	él	cena	ellos	cenan
430	cerrar	yo	cierro	nosotros	cerramos
	◆cerrando	tú	cierras	vosotros	cerráis
	◆cerrado	él	cierra	ellos	cierran
475	comprar	yo	compro	nosotros	compramos
	◆comprando	tú	compras	vosotros	compráis
	◆comprado	él	compra	ellos	compran
446	continuar	yo	continúo	nosotros	continuamos
	◆continuando	tú	continúas	vosotros	continuáis
	◆continuado	él	continúa	ellos	continúan
404	costar	yo	cuesto	nosotros	costamos
	◆costando	tú	cuestas	vosotros	costáis
	◆costado	él	cuesta	ellos	cuestan
471	dar	yo	doy	nosotros	damos
	◆dando	tú	das	vosotros	dais
	◆dado	él	da	ellos	dan

171

441	dejar	yo	dejo	nosotros	dejamos
	◆ dejando	tú	dejas	vosotros	dejáis
	◆ dejado	él	deja	ellos	dejan
212	desayunar	yo	desayuno	nosotros	desayunamos
	◆ desayunando	tú	desayunas	vosotros	desayunáis
	◆ desayunado	él	desayuna	ellos	desayunan
326	descansar	yo	descanso	nosotros	descansamos
	◆ descansando	tú	descansas	vosotros	descansáis
	◆ descansado	él	descansa	ellos	descansan
260	desear	yo	deseo	nosotros	deseamos
	◆ deseando	tú	deseas	vosotros	deseáis
	◆ deseado	él	desea	ellos	desean
292	despertar	yo	despierto	nosotros	despertamos
	◆ despertando	tú	despiertas	vosotros	despertáis
	◆ despertado	él	despierta	ellos	despiertan
433	echar	yo	echo	nosotros	echamos
	◆ echando	tú	echas	vosotros	echáis
	◆ echado	él	echa	ellos	echan
444	empezar	yo	empiezo	nosotros	empezamos
	◆ empezando	tú	empiezas	vosotros	empezáis
	◆ empezado	él	empieza	ellos	empiezan
422	empujar	yo	empujo	nosotros	empujamos
	◆ empujando	tú	empujas	vosotros	empujáis
	◆ empujado	él	empuja	ellos	empujan

473	encontrar	yo	encuentro	nosotros	encontramos
	◆ encontrando	tú	encuentras	vosotros	encontráis
	◆ encontrado	él	encuentra	ellos	encuentran
032	enseñar	yo	enseño	nosotros	enseñamos
	◆ enseñando	tú	enseñas	vosotros	enseñáis
	◆ enseñado	él	enseña	ellos	enseñan
421	entrar	yo	entro	nosotros	entramos
	◆ entrando	tú	entras	vosotros	entráis
	◆ entrado	él	entra	ellos	entran
472	enviar	yo	envío	nosotros	enviamos
	◆ enviando	tú	envías	vosotros	enviáis
	◆ enviado	él	envía	ellos	envían
455	escuchar	yo	escucho	nosotros	escuchamos
	◆ escuchando	tú	escuchas	vosotros	escucháis
	◆ escuchado	él	escucha	ellos	escuchan
261	esperar	yo	espero	nosotros	esperamos
	◆ esperando	tú	esperas	vosotros	esperáis
	◆ esperado	él	espera	ellos	esperan
021	estar	yo	estoy	nosotros	estamos
	◆ estando	tú	estás	vosotros	estáis
	◆ estado	él	está	ellos	están
029	estudiar	yo	estudio	nosotros	estudiamos
	◆ estudiando	tú	estudias	vosotros	estudiáis
	◆ estudiado	él	estudia	ellos	estudian

467	explicar	yo	explico	nosotros	explicamos
	◆ explicando	tú	explicas	vosotros	explicáis
	◆ explicado	él	explica	ellos	explican
442	faltar	yo	falto	nosotros	faltamos
	◆ faltando	tú	faltas	vosotros	faltáis
	◆ faltado	él	falta	ellos	faltan
466	firmar	yo	firmo	nosotros	firmamos
	◆ firmando	tú	firmas	vosotros	firmáis
	◆ firmado	él	firma	ellos	firman
210	fumar	yo	fumo	nosotros	fumamos
	◆ fumando	tú	fumas	vosotros	fumáis
	◆ fumado	él	fuma	ellos	fuman
257	gustar	yo	gusto	nosotros	gustamos
	◆ gustando	tú	gustas	vosotros	gustáis
	◆ gustado	él	gusta	ellos	gustan
449	hablar	yo	hablo	nosotros	hablamos
	◆ hablando	tú	hablas	vosotros	habláis
	◆ hablado	él	habla	ellos	hablan
037	jugar	yo	juego	nosotros	jugamos
	◆ jugando	tú	juegas	vosotros	jugáis
	◆ jugado	él	juega	ellos	juegan
476	limpiar	yo	limpio	nosotros	limpiamos
	◆ limpiando	tú	limpias	vosotros	limpiáis
	◆ limpiado	él	limpia	ellos	limpian

400 llamar	yo llamo	nosotros llamamos
◆ llamando	tú llamas	vosotros llamáis
◆ llamado	él llama	ellos llaman
420 llegar	yo llego	nosotros llegamos
◆ llegando	tú llegas	vosotros llegáis
◆ llegado	él llega	ellos llegan
308 llevar	yo llevo	nosotros llevamos
◆ llevando	tú llevas	vosotros lleváis
◆ llevado	él lleva	ellos llevan
451 mirar	yo miro	nosotros miramos
◆ mirando	tú miras	vosotros miráis
◆ mirado	él mira	ellos miran
443 necesitar	yo necesito	nosotros necesitamos
◆ necesitando	tú necesitas	vosotros necesitáis
◆ necesitado	él necesita	ellos necesitan
474 pagar	yo pago	nosotros pagamos
◆ pagando	tú pagas	vosotros pagáis
◆ pagado	él paga	ellos pagan
423 pasar	yo paso	nosotros pasamos
◆ pasando	tú pasas	vosotros pasáis
◆ pasado	él pasa	ellos pasan
418 pasear	yo paseo	nosotros paseamos
◆ paseando	tú paseas	vosotros paseáis
◆ paseado	él pasea	ellos pasean

461	pensar	yo	pienso	nosotros	pensamos
	◆ pensando	tú	piensas	vosotros	pensáis
	◆ pensado	él	piensa	ellos	piensan
456	preguntar	yo	pregunto	nosotros	preguntamos
	◆ preguntando	tú	preguntas	vosotros	preguntáis
	◆ preguntado	él	pregunta	ellos	preguntan
468	presentar	yo	presento	nosotros	presentamos
	◆ presentando	tú	presentas	vosotros	presentáis
	◆ presentado	él	presenta	ellos	presentan
438	sacar	yo	saco	nosotros	sacamos
	◆ sacando	tú	sacas	vosotros	sacáis
	◆ sacado	él	saca	ellos	sacan
448	terminar	yo	termino	nosotros	terminamos
	◆ terminando	tú	terminas	vosotros	termináis
	◆ terminado	él	termina	ellos	terminan
432	tirar	yo	tiro	nosotros	tiramos
	◆ tirando	tú	tiras	vosotros	tiráis
	◆ tirado	él	tira	ellos	tiran
434	tocar	yo	toco	nosotros	tocamos
	◆ tocando	tú	tocas	vosotros	tocáis
	◆ tocado	él	toca	ellos	tocan
437	tomar	yo	tomo	nosotros	tomamos
	◆ tomando	tú	tomas	vosotros	tomáis
	◆ tomado	él	toma	ellos	toman

039	trabajar	yo	trabajo	nosotros	trabajamos
	◆ trabajando	tú	trabajas	vosotros	trabajáis
	◆ trabajado	él	trabaja	ellos	trabajan
425	usar	yo	uso	nosotros	usamos
	◆ usando	tú	usas	vosotros	usáis
	◆ usado	él	usa	ellos	usan
072	viajar	yo	viajo	nosotros	viajamos
	◆ viajando	tú	viajas	vosotros	viajáis
	◆ viajado	él	viaja	ellos	viajan
073	visitar	yo	visito	nosotros	visitamos
	◆ visitando	tú	visitas	vosotros	visitáis
	◆ visitado	él	visita	ellos	visitan

-er 動詞

	不定詞		直説法・現在		
030	aprender	yo	aprendo	nosotros	aprendemos
	◆ aprendiendo	tú	aprendes	vosotros	aprendéis
	◆ aprendido	él	aprende	ellos	aprenden
216	beber	yo	bebo	nosotros	bebemos
	◆ bebiendo	tú	bebes	vosotros	bebéis
	◆ bebido	él	bebe	ellos	beben
215	comer	yo	como	nosotros	comemos
	◆ comiendo	tú	comes	vosotros	coméis
	◆ comido	él	come	ellos	comen

462	comprender	yo	comprendo	nosotros	comprendemos
	◆ comprendiendo	tú	comprendes	vosotros	comprendéis
	◆ comprendido	él	comprende	ellos	comprenden
463	conocer	yo	conozco	nosotros	conocemos
	◆ conociendo	tú	conoces	vosotros	conocéis
	◆ conocido	él	conoce	ellos	conocen
417	correr	yo	corro	nosotros	corremos
	◆ corriendo	tú	corres	vosotros	corréis
	◆ corrido	él	corre	ellos	corren
464	creer	yo	creo	nosotros	creemos
	◆ creyendo	tú	crees	vosotros	creéis
	◆ creído	él	cree	ellos	creen
204	doler	yo	duelo	nosotros	dolemos
	◆ doliendo	tú	dueles	vosotros	doléis
	◆ dolido	él	duele	ellos	duelen
460	entender	yo	entiendo	nosotros	entendemos
	◆ entendiendo	tú	entiendes	vosotros	entendéis
	◆ entendido	él	entiende	ellos	entienden
218 314	hacer	yo	hago	nosotros	hacemos
	◆ haciendo	tú	haces	vosotros	hacéis
	◆ hecho	él	hace	ellos	hacen
457	leer	yo	leo	nosotros	leemos
	◆ leyendo	tú	lees	vosotros	leéis
	◆ leído	él	lee	ellos	leen

315	llover	yo	lluevo	nosotros	llovemos
	◆ lloviendo	tú	llueves	vosotros	llovéis
	◆ llovido	él	llueve	ellos	llueven
453	parecer	yo	parezco	nosotros	parecemos
	◆ pareciendo	tú	pareces	vosotros	parecéis
	◆ parecido	él	parece	ellos	parecen
119	poder	yo	puedo	nosotros	podemos
	◆ pudiendo	tú	puedes	vosotros	podéis
	◆ podido	él	puede	ellos	pueden
440	poner	yo	pongo	nosotros	ponemos
	◆ poniendo	tú	pones	vosotros	ponéis
	◆ puesto	él	pone	ellos	ponen
259	querer	yo	quiero	nosotros	queremos
	◆ queriendo	tú	quieres	vosotros	queréis
	◆ querido	él	quiere	ellos	quieren
459	saber	yo	sé	nosotros	sabemos
	◆ sabiendo	tú	sabes	vosotros	sabéis
	◆ sabido	él	sabe	ellos	saben
020	ser	yo	soy	nosotros	somos
	◆ siendo	tú	eres	vosotros	sois
	◆ sido	él	es	ellos	son
435	tener	yo	tengo	nosotros	tenemos
	◆ teniendo	tú	tienes	vosotros	tenéis
	◆ tenido	él	tiene	ellos	tienen

436	traer	yo	traigo	nosotros	traemos
	◆ trayendo	tú	traes	vosotros	traéis
	◆ traído	él	trae	ellos	traen
452	ver	yo	veo	nosotros	vemos
	◆ viendo	tú	ves	vosotros	veis
	◆ visto	él	ve	ellos	ven
439	volver	yo	vuelvo	nosotros	volvemos
	◆ volviendo	tú	vuelves	vosotros	volvéis
	◆ vuelto	él	vuelve	ellos	vuelven

-ir 動詞

	不定詞		直説法・現在		
428	abrir	yo	abro	nosotros	abrimos
	◆ abriendo	tú	abres	vosotros	abrís
	◆ abierto	él	abre	ellos	abren
106	conducir	yo	conduzco	nosotros	conducimos
	◆ conduciendo	tú	conduces	vosotros	conducís
	◆ conducido	él	conduce	ellos	conducen
450	decir	yo	digo	nosotros	decimos
	◆ diciendo	tú	dices	vosotros	decís
	◆ dicho	él	dice	ellos	dicen
288	dormir	yo	duermo	nosotros	dormimos
	◆ durmiendo	tú	duermes	vosotros	dormís
	◆ dormido	él	duerme	ellos	duermen

458	escribir	yo	escribo	nosotros	escribimos
	◆ escribiendo	tú	escribes	vosotros	escribís
	◆ escrito	él	escribe	ellos	escriben
414	ir	yo	voy	nosotros	vamos
	◆ yendo	tú	vas	vosotros	vais
	◆ ido	él	va	ellos	van
265	morir	yo	muero	nosotros	morimos
	◆ muriendo	tú	mueres	vosotros	morís
	◆ muerto	él	muere	ellos	mueren
454	oír	yo	oigo	nosotros	oímos
	◆ oyendo	tú	oyes	vosotros	oís
	◆ oído	él	oye	ellos	oyen
219	pedir	yo	pido	nosotros	pedimos
	◆ pidiendo	tú	pides	vosotros	pedís
	◆ pedido	él	pide	ellos	piden
258	preferir	yo	prefiero	nosotros	preferimos
	◆ prefiriendo	tú	prefieres	vosotros	preferís
	◆ preferido	él	prefiere	ellos	prefieren
419	salir	yo	salgo	nosotros	salimos
	◆ saliendo	tú	sales	vosotros	salís
	◆ salido	él	sale	ellos	salen
346	seguir	yo	sigo	nosotros	seguimos
	◆ siguiendo	tú	sigues	vosotros	seguís
	◆ seguido	él	sigue	ellos	siguen

207 465	**sentir**	yo	siento	nosotros	**sentimos**
	◆ sintiendo	tú	sientes	vosotros	**sentís**
	◆ **sentido**	él	siente	ellos	sienten
469	**servir**	yo	sirvo	nosotros	**servimos**
	◆ sirviendo	tú	sirves	vosotros	**servís**
	◆ **servido**	él	sirve	ellos	sirven
427	**subir**	yo	subo	nosotros	**subimos**
	◆ subiendo	tú	subes	vosotros	**subís**
	◆ subido	él	sube	ellos	suben
415	**venir**	yo	vengo	nosotros	**venimos**
	◆ viniendo	tú	vienes	vosotros	**venís**
	◆ **venido**	él	viene	ellos	vienen
264	**vivir**	yo	vivo	nosotros	**vivimos**
	◆ viviendo	tú	vives	vosotros	**vivís**
	◆ vivido	él	vive	ellos	viven

再帰動詞

	不定詞		直説法・現在		
291	**acostarse**	yo	**me acuesto**	nosotros	**nos acostamos**
	◆ **acostándose**	tú	te acuestas	vosotros	**os acostáis**
	◆ acostado	él	se acuesta	ellos	se acuestan
253	**casarse**	yo	**me caso**	nosotros	**nos casamos**
	◆ **casándose**	tú	te casas	vosotros	**os casáis**
	◆ casado	él	se casa	ellos	se casan

293	despertarse	yo	me despierto	nosotros	nos despertamos
	◆ despertándose	tú	te despiertas	vosotros	os despertáis
	◆ despertado	él	se despierta	ellos	se despiertan
294	levantarse	yo	me levanto	nosotros	nos levantamos
	◆ levantándose	tú	te levantas	vosotros	os levantáis
	◆ levantado	él	se levanta	ellos	se levantan
019	llamarse	yo	me llamo	nosotros	nos llamamos
	◆ llamándose	tú	te llamas	vosotros	os llamáis
	◆ llamado	él	se llama	ellos	se llaman

見出し語索引

A

a	118
abierto/abierta	144
abrir	144
abuelo/abuela	10
aburrido/aburrida	68
acabar	148
accidente	42
acostar	100
acostarse	100
adelante	124
adónde	164
aeropuerto	40
agua	84
ahora	118
ajo	82
alegre	64
algo	162
alguien	162
alguno/alguna	162
almorzar	76
alto/alta	54
alumno/alumna	16
amable	58
amigo/amiga	12
amor	92
amplio/amplia	56
ancho/ancha	56
anciano/anciana	70
andar	138
animal	48
año	14
antes	118
antipático/antipática	64
aprender	18
aquí	118
árbol	52
arroz	78
arte	28
asiento	38
aunque	160
autobús	40
avión	40
ayudar	156

B

bailar	28
bajar	142
bajo/baja	54
banco	36
baño	94
bar	30
barato/barata	136
barco	40
bastante	158
beber	76
biblioteca	32
bicicleta	40
bien	72
billete	38
boca	130
bolígrafo	22
bolso	104
bonito/bonita	58
bosque	52
bueno/buena	72
buscar	142

C

cabeza	130
cada	116
café	82
cafetería	30
caja	136
caliente	106
calle	46
calor	106
cama	96
cámara	28
camarero/camarera	86
camino	46

☐ camisa	102	☐ cine	32	☐ creer	154
☐ campo	48	☐ ciudad	48	☐ cuaderno	22
☐ canción	26	☐ claro/clara	64	☐ cuál	164
☐ cansado/cansada	74	☐ clase	16	☐ cuándo	164
☐ cantar	26	☐ clima	106	☐ cuánto	164
☐ capital	48	☐ coche	40	☐ cuchara	86
☐ cara	130	☐ cocina	96	☐ cuerpo	130
☐ carne	78	☐ color	24	☐ cumpleaños	86
☐ caro/cara	136	☐ comedor	30	☐ curso	16
☐ carta	132	☐ comer	76		
☐ casa	94	☐ cómodo/cómoda	68	**D**	
☐ casado/casada	90	☐ comprar	156	☐ dar	156
☐ casarse	90	☐ comprender	152	☐ de	116
☐ casi	158	☐ con	160	☐ debajo	120
☐ caso	44	☐ conducir	42	☐ decir	150
☐ catedral	36	☐ conocer	154	☐ dejar	146
☐ cebolla	80	☐ contento/contenta	68	☐ delante	122
☐ cenar	76	☐ continuar	148	☐ delgado/delgada	54
☐ centro	120	☐ contra	160	☐ demasiado/demasiada	
☐ cerca	122	☐ copa	84		158
☐ cerrado/cerrada	144	☐ corazón	122	☐ deporte	26
☐ cerrar	144	☐ correo	132	☐ derecha	120
☐ cerveza	82	☐ correo electrónico	132	☐ desayunar	76
☐ chaqueta	102	☐ correr	138	☐ descansar	110
☐ chico/chica	12	☐ corto/corta	56	☐ desde	116
☐ chocolate	84	☐ cosa	116	☐ desear	92
☐ cielo	50	☐ costar	134	☐ despacio	110

despertar	100	empujar	142	**F**		
despertarse	100	en	122	fácil	66
después	124	encontrar	156	falda	102
día	108	enfadado/enfadada	66	faltar	148
diccionario	22	enseñar	18	familia	12
diferente	112	entender	152	famoso/famosa	72
difícil	66	entrada	38	farmacia	36
dinero	136	entrar	142	feliz	72
dios/diosa	24	entre	160	feo/fea	58
dirección	120	enviar	156	fiesta	86
dólar	136	escalera	94	fin	148
doler	74	escribir	152	firmar	154
dónde	162	escuchar	150	flor	52
dormir	100	escuela	16	foto	28
dormitorio	94	esperar	92	fresa	82
dulce	72	esquina	120	frío	106
durante	162	estación	38	fruta	82
duro/dura	64	estar	14	fuera	122
		estrecho/estrecha	56	fuerte	58
E		estrella	50	fuerza	44
e-mail	132	estudiante	16	fumar	74
echar	144	estudiar	18	fútbol	26
edificio	46	estudio	18		
ejemplo	128	examen	18	**G**	
ejercicio	20	excursión	20	gafas	104
elegante	58	explicar	154	gato/gata	48
empezar	148	extranjero/extranjera	24	generalmente	124

□ gente	24	□ huevo	80	□ leer	152
□ gobierno	42			□ lejos	122
□ gordo/gorda	54	**I**		□ lento/lenta	56
□ grande	54	□ idea	128	□ levantarse	100
□ grupo	128	□ idioma	22	□ ley	42
□ guapo/guapa	58	□ iglesia	36	□ libre	68
□ guerra	42	□ igual	112	□ librería	36
□ guitarra	28	□ importante	66	□ libro	22
□ gustar	90	□ interesante	66	□ ligero/ligera	54
		□ internet	132	□ limpiar	156
H		□ ir	138	□ llamar	134
□ habitación	94	□ isla	46	□ llamarse	14
□ hablar	150	□ izquierda	120	□ llegar	138
□ hacer ①	78			□ llevar	104
□ hacer ②	106	**J**		□ llover	106
□ hambre	76	□ jamón	80	□ loco/loca	92
□ hasta	118	□ jardín	98	□ luego	122
□ hermano/hermana	10	□ joven	70	□ luna	50
□ hielo	84	□ jugar	20	□ luz	134
□ hierba	52	□ junto	118		
□ hijo/hija	10	□ junto/junta	160	**M**	
□ historia	42			□ madera	98
□ hombre	12	**L**		□ madre	10
□ hora	108	□ lápiz	22	□ mal	74
□ hospital	36	□ largo/larga	56	□ maleta	104
□ hotel	32	□ lección	16	□ mañana	110
□ hoy	108	□ leche	84	□ manera	128

187

mano	130
manzana	82
mar	50
marido	10
más	158
mayor	70
media	108
médico/médica	74
mejor	72
menor	70
menos	70
mercado	134
mesa	96
metro	38
minuto	108
mirar	150
mismo/misma	112
momento	108
monte	52
morir	92
móvil	132
muchacho/muchacha	14
mueble	96
mujer	10
mundo	44
museo	32
música	26

muy	158

N

nada	126
nadie	126
necesario/necesaria	68
necesitar	148
ni	160
ninguno/ninguna	126
niño/niña	12
noche	110
nombre	14
novio/novia	90
nube	50
nuevo/nueva	70
número	134
nunca	126

O

o	124
ocupado/ocupada	68
oficina	36
oír	150
ojo	130
ordenador	132
otro/otra	116

P

padre	10
paella	78
pagar	156
país	46
palabra	22
pan	78
pantalón	102
papel	20
paquete	132
para	162
parada	38
paraguas	104
parecer	150
pared	98
parque	32
parte	128
partido	26
pasar	142
pasear	138
pasillo	94
patio	98
pedir	78
película	28
pensar	152
peor	72
pequeño/pequeña	54

☐ perdón 44

☐ periódico 104

☐ pero 124

☐ perro/perra 48

☐ persona 24

☐ pescado 78

☐ piano 28

☐ pie 130

☐ piedra 52

☐ piso 98

☐ plano 24

☐ plato 86

☐ playa 50

☐ plaza 32

☐ pobre 64

☐ poco/poca 158

☐ poder 44

☐ policía 42

☐ poner 146

☐ por 116

☐ por qué 164

☐ porque 164

☐ postre 84

☐ preferir 90

☐ preguntar 152

☐ presentar 154

☐ primo/prima 12

☐ problema 18

☐ profesión 14

☐ profesor/profesora 18

☐ pronto🔲 110

☐ pronto/pronta🔲 56

☐ pueblo 48

☐ puente 46

☐ puerta 98

☐ puerto 46

Q

☐ qué 164

☐ querer 90

☐ queso 80

R

☐ razón 44

☐ regalo 86

☐ relación 128

☐ reloj 104

☐ restaurante 30

☐ revista 24

☐ rico/rica 64

☐ río 52

☐ ropa 102

☐ rosa 86

S

☐ saber 152

☐ sacar 146

☐ sala 94

☐ salir 138

☐ salud 74

☐ sed 76

☐ seguir 118

☐ según 162

☐ semana 108

☐ señor/señora 12

☐ sentir 74

☐ sentir 154

☐ ser 14

☐ serio/seria 66

☐ servir 154

☐ siempre 124

☐ siguiente 116

☐ silla 96

☐ simpático/simpática 64

☐ sin 126

☐ situación 128

☐ sobre 120

☐ sofá 96

☐ sol 50

☐ solo🔲 112

☐ solo/sola🔲 112

□ soltero/soltera	90	
□ subir	142	
□ sucio/sucia	58	
□ sueño	100	

T

□ también	160
□ tampoco	126
□ tanto/tanta	158
□ tarde	110
□ tarjeta	136
□ taxi	40
□ teatro	32
□ teléfono	134
□ teléfono móvil	132
□ televisión/tele	96
□ tener	146
□ tenis	26
□ terminar	148
□ tiempo	106
□ tienda	134
□ tirar	144

□ tocar	144
□ todavía	126
□ todo/toda	112
□ tomar	146
□ tomate	80
□ trabajar	20
□ trabajo	20
□ traer	146
□ tranquilo/tranquila	68
□ tren	38
□ triste	66

U

□ último/última	112
□ universidad	16
□ usar	142

V

□ vacación	20
□ venir	138
□ ventana	98
□ ver	150

□ verdad	44
□ verdura	80
□ vestido	102
□ vez	30
□ viajar	30
□ vida	92
□ viejo/vieja	70
□ vino	82
□ visitar	30
□ vivir	92
□ volver	146

Y

□ y	124
□ ya	110
□ yen	136

Z

□ zanahoria	80
□ zapato	102
□ zumo	84

徳永 志織（とくなが・しおり）

　日本大学経済学部教授。津田塾大学学芸学部英文学科卒業。東京外国語大学大学院博士後期課程単位取得退学。マドリード自治大学哲文学部博士課程修了。言語学博士（マドリード自治大学）。専門はスペイン語形態統語論，日西対照研究，日本人に対するスペイン語教育法。主な著書に，『快速マスタースペイン語』（語研），『だいたいで楽しいスペイン語入門』（三修社），『CD付き　スペイン語　話す・聞く　かんたん入門書』（池田書店），『超分解 毎天都用得到的西語會話』（東販出版），『超！入門　書いて覚えるスペイン語ドリル』（ナツメ社）など。

愛場 百合子（あいば・ゆりこ）

　東京大学，東京外国語大学，一橋大学，成蹊大学，専修大学，日本大学非常勤講師。南山大学イスパニア学科卒業。東京外国語大学大学院博士後期課程単位取得退学。スペイン政府給費留学生としてマドリード・コンプルテンセ大学，アリカンテ大学に留学経験あり。著書に「ひとりで学べるスペイン語教室」（共著，国際語学社），「もやもやを解消！スペイン語文法ドリル」（共著，三修社）がある。

© Shiori Tokunaga; Yuriko Aiba, 2024, Printed in Japan

**1か月で復習する
スペイン語 基本の500単語**

2024年 1月10日　　初版第1刷発行

著　　者	徳永 志織／愛場 百合子
制　　作	ツディブックス株式会社
発行者	田中 稔
発行所	株式会社 語研
	〒101-0064
	東京都千代田区神田猿楽町2-7-17
	電　　話　03-3291-3986
	ファクス　03-3291-6749
	振替口座　00140-9-66728
組　　版	ツディブックス株式会社
印刷・製本	シナノ書籍印刷株式会社

ISBN978-4-87615-396-1 C0087
書名　イッカゲツデフクシュウスル スペインゴ キホンノ ゴヒャクタンゴ
著者　トクナガ シオリ／アイバ ユリコ

著作者および発行者の許可なく転載・複製することを禁じます。

定価：本体 2,000円＋税（10%）（税込定価：2,200円）
乱丁本，落丁本はお取り替えいたします。

本書の感想は
スマホから↓

株式会社 語研
語研ホームページ https://www.goken-net.co.jp/